宇梶静江

アイヌ力《ぢから》よ！

次世代へのメッセージ

藤原書店

カムイノミ風景　2021 年 12 月 10 日　於・シマフクロウの家（白老）

聞き手＝山川建夫（右）　2018 年 8 月 20 日　於・ポレポレ坐（東京）
背景の作品は宇梶静江による「イトッパ」（220 × 180cm）。イトッパとは、道具や獲物が自分のものであることを示すアイヌの家紋のようなもの。

平取町立二風谷アイヌ文化博物館に復元されたチセ（家）の囲炉裏のそばで。（2020 年 9 月）

布に描いたシマフクロウ

アイヌ力《ちから》よ！

宇梶静江

アイヌよ
自分力を出せ
アイヌが持つ力は　世界を変える
自分を出すは　自分力《りょく》
自分力は　アイヌ力《ちから》
アイヌよ
大地を割って出るが如く
力を出せよ
アイヌ力を！

（二〇二〇年一〇月一三日）

言葉の力とアイヌ

宇梶静江

文字が読めなくても
アイヌよ！
分別や認識は　和人と変わらぬ
分別や認識は　言葉の力を持つ
アイヌの言葉の力は
和人を超える

アイヌ力《ぢから》よ！

目次

Ｉ　大地と美に生かされて

第二章　伝統と美と──「古布絵」の創出　40

第三章　アイヌの叙事詩に導かれて　64

第四章　祈り（カムイノミ）にはじまるアイヌの世界　91

第五章　アイヌの精神の深みとアイヌ力《ぢから》　114

II アイヌ同胞《ウタリ》と共に、アイヌ力《ぢから》を

写真・山本桃子

アイヌ力《ぢから》よ！

次世代へのメッセージ

プロローグ——カムイのいる空間

波の音は子守唄

波の音が、聞こえています。

海辺で暮らした幼いころ、父、母、姉、兄、私、弟たち。いつも家族がそばにいました。父の仕事は昆布漁で、家族みんなで携わり、またいろんな人たちが手伝いに来てくれました。みんなで、磯で採集した貝をゆでて、食べました。

海の中にはウニなど、たくさんのいのちが息づいていて、波が静かになるときなど、それを採って、食べました。自分でウニを獲って、石で割って、指ですくって食べました。磯で、自分のおなかぐらいの深さの水に浸かって、足でウニを探り、ウニが足に触れると、トゲトゲがあってわかります。

家族で生活していたころの思い出が甦《よみがえ》ってきて、懐かしい。海は、私たちに食べ物を与えてくれるお母さんなんです。海のそばで生まれたことに、私は感謝しています。波の音が、私の子守唄、リズムであったと思います。海のカムイに、そして海の生きものたちに感謝しています。途中から海を離れて村里で暮らすことになりましたが、いまも、海のそばに佇《たたず》むと、再び感謝です。

海には水平線がありますでしょう。七〇年近く前の子どもであったころ、水平線の向こうに何があるのかな、と、いつも思っていました。その先に行ってみたい、って。当時の海辺は、砂浜がもっと広く、波打ちぎわに沿って、美しい真っ白な貝殻が、はるか彼方まで、帯状に続いていました。よく貝殻を集めて遊んでいたことを、思い出します。

たくさん、海の中には生きものがいたということです。海草も、貝も、小さな魚も、たくさんいました。

いま、どこの浜辺でも、貝殻が見あたらない風景を見ると、海の中が寂しくなっている、海の生きものが、ずいぶん絶えてしまっていると思います。こんなに変わってしまったことが、寂しいです。

波の音は、昔と同じです。いつの日か、また豊かな海がよみがえることを望みながら、歳を重ねています。

よい凪《なぎ》などのとき、磯の水たまりには、小魚が泳いでいました。貝を探したり、海に入ったり、砂浜で絵を描いたりして、遊んでいました。

昔の情景が、すっかり変わってしまいました。地球は動いているということですね。

海（アトゥイ）を汚さないで

アイヌは、海を「アトゥイ」と言います。海の神《カムイ》や、海で生きる生物たちのことも指す言葉です。海は、お母さんであり、お父さんです。ですから、文明で海が汚されると、海の母が悲しみます。それは、つらいことなのです。

「アトゥイカムイ（海の神《カムイ》）」はおじいさんで、海の領域を司《つかさど》っています。海には多くの生きものがいて、その生きものを人間はいただいています。海の神《カムイ》から食べ物をいただくことを、アイヌは養ってもらっていると考えていますから、食べるときは、まず「アトゥイ（海）」に感謝し、海草や生きものに感謝して、イヤイライケレ（ありがとう）、ともに生きています、大事に考えています、と祈ります。

アイヌにとっては、自然そのものがカムイですから、カムイに対して畏敬の念を持ち、ありがたい、ありがたいと感謝しながら生きているのです。人間は毒を海や野にまきちらし、汚し放題。それで海の生きものが絶えていく。耐えがたいことです。

もともとアイヌは、水を大事にしています。その水が汚され、そのために生きものたちが生きられなくなり、耐えているのは、悲しいことです。海だけでなく、陸も汚され、陸で生きる生きものも、同じです。風を汚さない、水を汚さないことが、アイヌの精神性です。

イヤイライケレ（感謝します）

カムイへの感謝の言葉「イヤイライケレ」。アイヌはいつも、「空気さん、イヤイライケレ」「大地さん、イヤイライケレ」「海の生きものたち、イヤイライケレ」と感謝しています。

「イヤイ」は「自ら」です。「イライケレ」は「感謝します」。アイヌ一人一人が「イヤイライケレ」という言葉を心に持っているということは、自分自身の中に、自然の神さまが存在しているということなのです。

「アイヌ」は、「人間」という意味です。アイヌは人間、和人も人間です。いまは和人たちと一緒に生きているので、アイヌも和人もともに、自然を大事にして生きていければいいなと思っています。

ホレンナー　ホーレ、ヤエサー　マネナー、ホレンナー　ホーレ、ホイサー、マネナー、エイサー、マネナー、イヤイライケレ、アトゥイカムイ、イヤイライケレ、ヤエサー　マネナー、アトゥイカムイ、ありがとう、ヤエサー　マネナー、ホーレンナ　ホーレ。

海の中がきれいになりますように、陸がきれいになりますように、大地のカムイが喜びますように。

ヤエサー　マネナー、ホレンナー　ホーレ、ホーレンナ　ホーレ。

我々アイヌは、レラカムイ（風の神さま）、ワッカウシカムイ（水の神さま）をきれいにすることを、これからも怠ることなくいきたいです。

感謝の心でね。ありがとう、ヤエサー　マネナー。

I

大地と美に生かされて

第一章　大地の恵みを受けて

水辺の恵み

私は、海辺で生まれ、村で育ちました。昭和十六（一九四一）年の戦争が始まった時、私は八歳でした。政府が戦争のために物資を軍部に集めたために、物資や衣類、生活必需品がなくなっていきました。食べものも極度に不足していきました。食べられる植物や魚を、わずかばかりのご飯と混ぜて、お粥を食べたこともありました。アイヌは、伝統のなかで培った力で、自然の中から食べ物を探し出し、そのお蔭で、物がないながらも、何とか生き抜いてきたのです。

敗戦後も、食べ物が何もなかった。田んぼに水を引く細い水路に、春になると、四〇センチほどのウグイが上がってきます。そのウグイは丸々太っていて、おなかが赤い。赤い時は、お腹に筋子が入っています。集団で上がってくるウグイを、私たちは川で獲りました。丸太ん棒を二つに切った板をまな板にして、出刃包丁か鉈《なた》でウグイのうろこや内臓を取り、頭から尾っぽの先までミンチにするわけです。ちょうどそのころは、田んぼの畦や畑に野ワサビが繁茂していて、ウグイのミンチを野ワサビでいただくのです。ワケギやネギがあれば、みじん切りにして混ぜます。とても美味しかった。これが唯一のタンパク源でした。

春は野草が繁茂していて、沢の水が流れてくるところに、ヤチブキと言う、フキの花を小さくしたような、光沢のあるかわいい黄色い花、キンカソウの仲間が生えています。水がさらさら下りてくる谷川で咲くんです。母に「ヤチブキを採って来い」と言われて、走って採り、川で洗って母に渡すと、ざくざく切って、おみおつけの具にします。おみおつけの出汁《だし》は、昆布など。中身は、ワカメ、ジャガイモ、人参、大根の葉っぱなどを入れて、具だくさんのおみおつけです。

物不足の時は、ヤチブキなどで食材を補って、ごはんをいただいてきました。大地から世話になって育ったのです。

今またふるさとに来て、山のふもとを歩いていると、小さかった時の生活を思い出します。

植物と土に養われて

私が生き延びて来られたのは、親に「自然を大事にしなさい」と教わってきたからだと思います。灌漑用水に上がってくる魚をいただいて、調理して食べたこと。魚を屋根裏に串刺しにして刺しておいて、保存食にして、おみおつけの出汁にしたり、子どものおやつにしたりしたこと——私たちきょうだいを、両親は一生懸命育ててくれたんです。

春になって、雪が少し解けると、キトが、シュッと顔を出します。キトはアイヌ語で、和人はギョウジャネギ、ギョウジャニンニクと言います。雪のなかから、フクジュソウの花が咲きます。これはマンサクとも言って、毒もちです。少し暖かくなると、平らなところに、パッとゴザを広げたようにニリンソウが咲きます。これはアイヌ語でプクサキナ、「プクサ」は草、「キナ」は敷くものです。

母に「プクサキナ採って来い」と言われると、採って来て母に渡すと、おひたしにしてくれます。少し苦みがあるけど、その苦みは胃や腸の薬になると言います。春の野草は、噛むと口の中でシャキシャキと気持ちのいい音がして、歯ごたえがあって美味しいんです。

フキノトウも、雪の中で花を咲かせます。感動です。フキにはとてもお世話にはなっています。フキの漬物、フキのおみおつけ、フキの煮物、フキご飯。食料のない時、フキは助けてくれました。子どもたちは学校帰りにお腹がすくと、フキを切って、皮をむいて、食べながら帰って来るの。フキのしぶが唇いっぱいについて、笑われたもんです。

山に行って、遊んでお腹がすくと、真っすぐ伸びるスカンポという酸っぱい植物をよく食べました。ユリ根のような小さな植物で、ぬらぬらして美味しい食べ物もあり、少しはお腹の足しになるんです。

子どものころ、急にお腹が痛くなると、熱湯で煎じて飲ませてもらった薬草がありました。ダイオウソウです。毒草ですが、黄色い花が咲くかわいい植物です。茎を折ると、黄色い汁が出て、毒があることがわかります。食中毒になったりすると、皮膚にぽつぽつと赤い小さい点が出てきたりします。そういう時、急いでダイオウソウの汁を、本当に少量、茶碗に入れて、熱湯をかけて、喉を通る程度の温かさになるまで少し置いて、青くなったのを飲まされます。苦いし、少しずつ飲んでいると苦すぎるから、一気に飲みます。

今、またふるさとに帰って、道ばたや民家の庭で薬草に出合ったりすると、なつかしいなと思います。こんなふうに、土のお世話になったことを思います。

カムイで満たされた自然

海に生きているものや大地に生えてくるものをいただいて育ったから、地球はお母さんだと思うようになりました。地球というお母さんから教えてもらった母が、私たちを育ててくれた、と思うようになりました。故郷を離れてからも、大きな海、大きな山の懐を、感じていました。

山はお父さんで海はお母さん、という言葉どおりだなと思いながら、今、自然を意識して、感謝する日々です。私の中の信仰は大地そのもので、カムイとは大地なのです。

子どものころ、お天道さんが一番偉いカムイだと聞いて育ちました。「ワッカウシカムイ（水の神さま）」と聞いて育っています。私にとっては、信仰というと、カムイしかないのです。私のように育つと、どうしても社会問題の中に矛盾するものを見つけてしまうから、政党にも宗教にも入れないのです。

存在するあらゆるものの中に、見えないけれどもカムイがいる。これが、私の信仰です。私が自分の根拠にしてきたのは、こういうふうに成り立っている空間なんです。アイヌはみんなそうだったと思います。

アイヌはお金をもらって働くようになった

けれども、そういうアイヌの空間に和人がやって来て、アイヌといえども、カムイで満たされた空間を知らずに育つようになったわけです。今になって、アイヌ文化は神秘的だとか何とか言われても、本当にカムイを知って育ったアイヌはそのとおりだと思うけれども、カムイノミはないし、ヤイサマ（自らを唄う歌、即興）も失いました。

アイヌは自然の恵みをもらって暮らすのではなく、お金をもらって働くようになりました。おなかが空いたら、でめんとり（日雇い労働）に行って、一日に二百円か、米二升かをもらう、そういう生活が始まるわけです。生えている植物を敬わなくなり、賃金で働くことしか考えなくなるわけです。お金に心を持っていかれるようになる。

私も、この二百円のでめんとりを何回もやっています。泊まり込みで行くのですが、私はよその家の布団に入るのが嫌で、夜中でも歩いて帰るぐらい、自分の家に帰りたいんだけれど、娘のときに、何週間かそこに泊まって、一日米二升のために働いた経験があります。「静江はどこからでも戻ってくる」って親たちが言っていたのですが、泊まり込みで、賃金稼ぎに行くのです。親が先にお金をもらったか、米を背負って帰ったかして帰ってしまって、そのつけで私は働く。そういうことが、私たちアイヌの文化をなくしていったのです。

働きずくめの娘時代

七、八歳になると、遊んでいると叱られる。そういうものだと思っていましたから、親の言うとおりに働きました。

朝五時に「静江、静江」って、大きな声で叩き起こされるんです。そのころはもうストーブがありましたから、火を焚いて、ご飯を火にかけて、それから厩《うまや》に行きます。ご飯は、私が火にかけておくと、後から起きた人が炊き上げてくれます。厩で馬の周りの掃除をして、水をやったり餌をやったりしました。厩の掃除は、馬糞を出したりで一時間以上かかります。掃除が済むと、朝ご飯を食べて、七時には畑や田んぼに出ます。それが私の娘時代でした。

文字が書いてある紙を、時々拾ったりしました。漢字は読めないけれど、平仮名は読めるから、漢字を飛ばして平仮名を読む。遊ぶ物がなかったし、手伝いで忙しかったので、そんなことが息抜きでした。自分の好きなことはできませんでした。

芝居にあこがれる

姉はセンという名前でした。おセンちゃんは桃色の顔をして肌がきれいで、いつもにこにこしていました。私は、いつも下を向いて、眉間にしわを寄せて苦い顔をしていたようです。だから村の人に、いつも姉と比べられるんです。「おセンちゃんはあんなにかわいいのに、静江っこはかわいそうだね。みったくなくて」って、目の前で言われるんだから、ひどいもんです。私は本当に自分のことをみったくないと思っていました。「みにくいアヒルの子」という外国のお話があるでしょう。それと同じだって、泣いたものです。

あるとき、学校の綴方《つづりかた》の授業で、私が「母ちゃんが、姉ちゃんが」と家のことを書いたらしいんです。それを読んだ姉が、「母ちゃん、静江ったらこんな恥ずかしいことを書いてるんだよ、綴方で」と、母に訴えていました。母は何も答えません。

時々、村芝居が来ると、姉ちゃんが私を連れて行ってくれました。舞台の上で、侍やお姫さんがお芝居をする。その役者たちが力いっぱい表現しているのを見て、自分の言いたいこと言える世界があるんだと、子ども心でもわかったんです。だから、「芝居が好き」、「大きくなったら役者になりたい」と言っていました。話したり、表現する場所が欲しかったんじゃないかなと思います。

私みたいな子はいなかった。畑や田んぼで一人っきりになると、仕事をしながら、芝居に夢中になって、お殿様やお姫様、一人で何役も芝居をする。働かないと怒られるから、一生懸命手足を動かしながら、一人芝居を。父はそれをどこかで聞いていたようです。

演劇や映画などを見て感激できたのは、上京して随分たってからですが、本当に好きで、感動したものは、心を癒《いや》してくれたものです。

納得できないことが多かった

子どもたちは、「大きくなったら何になる」と聞かれると、男の子は「兵隊さん」、女の子は「看護婦さん」と言うことが決まっていました。少しでも変わったものに興味を持つと叱られるのを、子ども心に感じていました。

言葉の規制もあって、私が育った田舎の、何もないようなところでも、何か少しでもおかしなことを言うと、スパイ呼ばわりされて警察に引っ張られるということがありました。子どもの世界にも伝わって、注意されました。

当時、一番偉いのは天皇陛下様だと、学校の先生はそう言うけれど、なんでそんなに偉いのか、私はそのわけを知りたかった。その他に、大人たちはあの人はいい人だ、あの人はきれいだと言うけれど、子どもの目で見るとさっぱりわからないということもありました。そんなにきれいじゃない、と子ども心に思ったりする。でも、それを口にしたら、叱られる。思ったことを言うと、そういうことを言ってはいけないと叱られるというふうに、言葉の規制があったのです。

周りの家族が気に食わないことを、よくやっていたみたい。私がきれいだと思って集めたものを家に持って帰って来ても、家族と馴染まない。私が感動するものは、みんなにあわないんですね。アピールすると、拒否される。なんでも猛反対されるから、一人でさっさとやっちゃうんです。いいことだとみんなは黙ってるけれど、気に食わないと、えらい悪人みたいに怒られました。

私は、よく何か生意気なことを言うらしく、母に「全く生意気だ」「自分ではできないのに、やろうとする」「そういう言葉は使うもんじゃない」と叱られました。無駄口もきいていたようですが、私は、言葉をとても大事にしていました。

でも、父に怒られたことはあまりないんです。田植え仕事で大勢が集まったとき、何かで私がまた怒られたことがありました。そのとき父が、「静江は、十勝から来たカラスだ」と言ったことがありました。「なんで十勝から来たカラスなの？」って聞いたら、「地元のカラスは、他から来たカラスをみんなでいじめる」って。父はそういう私のことを知っていたみたいです。

幼児のときから、何かをやろうとするとだいたい反対されたから、一人ぼっちが好きな子どもでした。夢中で遊んでいると、「お腹が減るから、まんま食え」と言われるけれど、食べるより、遊びたい。それも小さな規制でした。小さくても大きくても、規制というのは嫌でした。

都会に出たら、本当に一人になります。すると、孤独が押し寄せて来ました。ずっと一人になりたかったけれど、都会に来てはじめて、寂しいと思いました。

だけど、寂しさを通り越すと、わかることがありました。風邪を引いて寝込んだとき、三畳一間の狭い部屋なんですけれど、目を閉じていると、たくさんの人の気配を感じることがありました。たくさんの人がそばにいるんです。だから、一人でいても寂しくなかった。

第二章　伝統と美と――「古布絵」の創出

布《ぬの》きれが大好き

遊ぶものも、道具もない。そんな中でも、布との縁を授かりました。私は子どものころから、布が大好きでした。母が縫い物をするときの母の手さきでした。母の針仕事を見ていて、針を持って何かを作ることに興味を持ったのでした。よく母の手先を見ていました。

七歳上の姉は、私が布きれを好きなのをよく知っていましたから、四、五歳の私に、幅四センチ、長さ一〇センチほどのいろんな色の着物のきれはしを、数枚、作ってくれました。白い布に綿を入れて、てるてる坊主のような頭を作り、胴体に長細い布きれを入れて、母からもらった布きれをかわるがわる着せかえて、一日じゅう着せかえ人形遊びをしました。こんな布遊びが大好きで、「静江は、いつまでも同じことをやっているね」とよく言われました。

小娘のころ、田んぼや畑で働いて、馬に食べさせる草を背負うと、服が破れます。それをつくろうために、継ぎを当てて補修していました。破れたところを補修するのがとても楽しくて、着物を縫っているときは、私の時間です。そういう時間を見つけるのに、一生懸命でした。

破れたものをつくろうのが、唯一の趣味でした。「つづくる」と言うんですけど、その継ぎ方は、ほかの人のような継ぎ方でなくて、きれを大切にして生かす継ぎ方です。布と糸の模様のコントラストが好きで、破れたところに布を張って、自分の好きなように刺していくんです。破れた着物もとてもすてきな着物に再生される。その後、時間を超えて、六十三歳で「布絵」に出合いますが、そのころが原点でしょうか。

きれいなものが大好きで、美しい花を見つけると、「わあ、美しい」「ああ！」とか声を出し、花に近づいていくような癖は、今も同じです。美しい色や物に、魅せられてきました。

絵を描くのが好き

子どもの時から、絵を描くのも、好きでした。でも、両親は明治の男尊女卑の時代の生まれで、女が絵を描くなんて考えられない中で育ちましたから、絵を描きたいなんて言えませんでした。「絵を描いたって食っていけない」「女が絵を描いて何になるんだ」と。そう言われても、好きだったから、道端や雪の上、砂の上で絵を描きました。

二十歳で中学に入って、中学校の図工の時間、美術の先生が「枯れた花を描きなさい」と言われたので、枯れた花を描きました。芸術大学を出た先生でしたが、私の描いた絵をいつまでたっても返してくれないことがありました。

私は油絵の具のにおいが嫌だったし、分厚くドテドテとキャンバスに塗りつけるのも嫌だったから、油絵は嫌いでした。今では、ゴッホや他の芸術家の油絵の鑑賞は好きなんですけれど、当時はパステルの、魂がすっと盗られていくような神秘的な色に魅せられて、絵を描くのだったら、パステルカラーで描きたいと思っていました。パステル画家になりたいと思ったこともありました。でも、絵の具も紙も買えませんでした。

小学校の三年生ころのことです。子どもが描いた絵を部屋に掛けるような家は村にはなかったのに、姉ちゃんが、私が小さいノートに描いた絵を、部屋の壁に貼ってくれたんです。玄関を入ると土間、すぐ居間があるような小さな家の壁に、私が鉛筆で描いた絵を貼ってくれた。お客さんが来るとすぐに絵が見えるから、「あれは誰が描いたんだ」と聞かれる。姉ちゃんが「静江だ」と言うと、「ほう!」とか言ってくれてね。壁に絵を貼ってる家は珍しかった。でも、学校では、同級生の絵は貼られても、私の絵を貼ってもらったことはありませんでした。

だから、アイヌとはそういうもんだ、何をやっても相手にされないんだと思い込んで生きてきました。だから、絵を描いたり、布で一人遊びをしていたんです。

魅せられたのは、自然の美

私は子どものときからずっと、美に魅せられて生きてきました。

七歳か八歳ころ、近所の家族と海藻採集に出かけた途中に、小高い丘がありました。丘に登って、目に映ったのが、太平洋の紺碧《こんぺき》の海でした。海を見たとたん、私は発狂したのではないかと思うほどものすごい声を出したそうです。海のすごさが、そうさせたのではないかと思います。村のおばあさんや友だち五、六人で潮干狩りに行った時のことでした。親は、私が気でもおかしくなったのかと思って、私のお尻をぶったそうですが、ぶたれたことは全く覚えていません。そのときも、今も、私の頭には、あの紺碧の色が脳裏に残っています。

さまざまなことを制約された世情の中で育ったけれど、美を感じると、とっさに声が出る。止められない。春になっていっせいに花が咲くと、それに夢中になりました。朝早く学校に行く時はまだ蕾《つぼみ》で、学校から帰るころには、一面に花畑になっているんです。わあっていう感じで、花を摘んで帰ります。家には花瓶がなかったから、父ちゃんの焼酎瓶に花を生ける。でも、野の花はすぐにしゅんと首垂れしちゃうんです。「静江、また汚いもの」と、姉ちゃんが怒ります。私が摘んだ花の後始末は、姉ちゃんの役目だったから。

北海道では、昨日の山と今日の山は、全然違うことがあります。春、昨日まで色のなかった山で、朝になるといっせいに山桜が咲くんです。一瞬にして変わります。そんな自然の美に、いつも魅せられていました。

裁縫教室で学んだ和服の美しさ

農家は忙しかったけれど、十月いっぱいで田畑の収穫を終えると、秋仕舞いといって、十一月には、一年じゅう使った田畑をきれいにするんです。その後、暇ができます。暇な時に家で好きな針仕事をしていると、「厩に行って縄をなえ」と言われて、私がしたいことが全然出来ない。

ちょうど、小学校の校長先生の奥さんが和服の裁縫教室をやっていて、村の娘たちに裁縫を無料で教えてくれていました。私はそれを知って、裁縫教室に通いました。最初は単衣で裏のない着物。十三歳の子どもだったから、なかなか上手にはいきません。裁縫教室は、十一月から三月の末です。大好きな針仕事でしたが、その期間で和服を完成するというのは、大変です。

十四、五歳から十八歳の冬まで通いましたが、最初の年は、四カ月ぐらいかかってやっと一枚の着物ができました。それからだんだん腕が上がって、着物を仕立てるようになりました。袴と帯は、縫う機会がなくて、縫ったことがないんですけれど。着物は、村の子どもたちのものも頼まれて縫いました。

そのときに、和服の色の美しさを知りました。和服地は美しいから、布きれをとても大事にしています。アイヌも、和人も、布きれを大事にします。織って、染めて、反物にする。着物は、尊いものだと思っています。

アイヌ刺繡を学び、「布絵」に出合う

一九九五年、六十二歳の暮れ、札幌の同胞にお世話になって、東京から、アイヌ刺繡の基礎を勉強しに札幌に行きました。子どもの時から針を持って、破れたところに継ぎを当てていましたけど、刺繡もしていました。

アイヌ刺繡は、魔除けのために、先の方をとげというもので閉じます。要所要所に、ポイントがあります。着物にも、魔除けの刺繡がしてあります。はじめから勉強したいと思いました。

翌年の春になって、四月十三日でした。何人かの友だちから、「札幌のデパートで古い和服のきれを展示しているので、一緒に見に行きませんか」と誘いを受けたので、私は、古いきれが大好きだったので出かけると、展示の中に、古布でえがいた絵がありました。カブトムシや山菜の、布でえがいた絵が二枚ほど展示してありました。私は初めて、布で絵を表現することができることを知りました。

子どものときから絵が大好きだったけれど、紙もなければ、鉛筆もクレヨンもなく、冬は雪の上に絵を描いたり、夏は土の上に絵を描いたり、拾った紙に絵を描いたりしていたんです。

絵も好きでしたし、布遊びも、針を持つ遊びも好きだった。布絵を見た瞬間、「ああ、これだったら、紙やクレヨンがなくても、絵を描ける。糸と針さえあれば」と思ったんです。布で絵を描けるなら、描きたい、と。

「古布絵」を創出、シマフクロウを表現

その日は、お世話になっている家に帰りました。でも、興奮して、朝まで寝られません。布で絵を描けるんだと思うと、体全体が燃えるように熱く感じたんです。夜中じゅう、何を表現しようかと考えていました。そして思い出しました。

私の親たちは、「フクロウ鳥はコタンコロカムイ（村の守り神）だよ」とフクロウを敬っていました。子どものころ、そう聞いて育ちましたが、でもいままでは、身近にフクロウ鳥

の絵もなければ、フクロウ鳥が飛んでいるのも見ないから、翌日札幌の本屋に行って、何万円出してもいいから、写真でもなんでもいいからフクロウ鳥の載っている本を見つけて買おうと思いたち、本屋の開店前から店の外で待って、開店そうそう勢い込んで書店に入り、シマフクロウの写真集を、三八〇〇円で買って、大急ぎで帰りました。

その写真集には、写真とは思えないほど、フクロウ鳥が生き生きと写っているんです。写真を見て、一瞬、アッとのけぞりました。目をカッと見開き、威厳高く、鋭い目をしたシマフクロウに、圧倒されたんです。目にものすごいエネルギーのある鳥でした。私は写真をぐっとにらみ返し、「お願いします。あなたを表現させて下さい」と言いました。それから、布でフクロウの絵を創るようになったんです。

当時、私は同胞と呼びかけ合って、アイヌ問題を解決したいと、都や政府に陳情していました。でも、アイヌの識字教育などはなかなか具体的になりませんでした。陳情に行っても、窓口に出てくる先生方は、聞いてるんだか聞いていないんだか、ろくに答えももらえない、そういう情けない活動をしていたものだから、悔しい、出口の見えない状況でした。

だから、フクロウ鳥の目を赤くして、目に思いを託して、訴えようと思ったんです。「アイヌはここにいますよ。あなた方はいったい何を考えているんですか」と。フクロウ鳥を絵にしようと思ったのは、これが理由です。

布絵の発想

そして、和服地のきれいなもようを、クレヨンの代わりにして、布絵を作ることを考えたんです。色を溶かしたり混ぜたりするのではなく、あるものを生かす発想です。

アップリケではなく、私が子どもの時に作業着に継ぎをしたやり方で作ったのが、私の布絵なんです。ですから誰もまねできません。普通の人は、決められたお裁縫はできるけれど、ぼろを合わせて絵にすることができません。何度か教室で講師をしてみましたが、誰もできませんでした。これは、私の世界だと思いました。

私が「布を探している」と言うと、私がお世話になった人の奥さんが川崎出身の和人で、仲良しでした。車でぼろ布を売っているところを二人で探しました。和服のぼろ布や、きれいな色のついたきれがたくさんありました。和服の美しさに、私は感動しました。日本人というのはすごいなと思いました。

そして、ぼろ布、古布を使って作る布絵作品を、「古布絵」と名づけました。それから、布絵にすっかり夢中になり、一番最初の作品は、今から見れば簡単な作りですが、夢中で頑張って作りました。

まだ刺繍教室に通っている最中でしたから、布絵にばかり没頭していられません。朝、刺繍教室に行って、アイヌ刺繍を勉強して、夕方帰宅し、自炊で食べて、それから夜中まで布絵に挑戦していました。

古布絵だけでなく、自分のオリジナルの刺繍にも一生懸命でした。刺繍は、一日じゅう座って、全身を使ってするので、運動不足になります。体がだんだん硬直してきて、弱くなってくるんです。神経が痛んで、つらい思いをしましたが、いろんな作品を作りました。やりたいことがたくさんあって、楽しかったから、続けられたのでしょう。

その後アメリカに行く機会があり、アメリカのボストンに行ったとき、シマフクロウの試作品を何点か、持って行きました。ハーバード大学の教授さんの家で、十一日間お世話になり、教授の奥様が「売ってください」と言われたのですが、作品は差し上げました。

アイヌの物語を表現しよう

母がよく語ってくれた物語があります。アイヌの物語「キツツキとスズメの物語」です。山の枯れた大木に、虫がいます。虫を取るために、キツツキは木をつつきます。コンコンと音がします。アイヌ語でキツツキのことを「エソキクソッキ」といいます。頭の後ろに赤く丸い模様のあるキツツキです。

――スズメが働いているところに、「故郷のお母さんが病気で死にそうだ」って連絡が来ました。スズメは、とるものもとりあえず、仕事着のまま、お母さんのところへ飛んで行った。お母さんはもう虫の息。でも、お母さんの死に目には会えた。「スズメは、親孝行したんだよ」。

一方、キツツキのところにも、「村にいるお母さんが病気になって、死にそうだから早く来い」って使いが来ました。キツツキは、村に帰るのにお化粧しなきゃ恥ずかしいというので、お化粧して支度をしていたら、村に帰るのが遅くなってしまい、お母さんはもう亡くなっていました。――

「親の死に目というのは大切なもんだから、そういう時は、何をおいても駆けつけるんだよ。別れなんだから。お母さんが生きているうちに会ったのと会わないのじゃ、えらい違うんだ」と言われてね。ああ、そうなんだと思った。

和人は子どもの教育に、勉強して偉くなったとか、悪いことをして牢屋に入ったというような、人間を中心にした物語が多いけれど、アイヌの物語は人間を中心にしないで、虫やカエルや魚や鳥などを主人公にした話にして、教育しているところが、すごいことだと私は思います。

『セミ神さまのお告げ』を絵本にすると、和人がとても褒めてくれました。日本人にあんなに褒められて、こちらが恐縮してしまうくらい。外国にも行って展示しました。外国の女性たちもみんな褒めてくれました。それは、動物を扱っているお話だからかもしれません。アイヌには、いろいろな生きものの物語があるんです。

私の絵本『セミ神さまのお告げ』と『シマフクロウとサケ』は、差別の物語です。『シマフクロウとサケ』は「キムタパテク、フフン、カトー（私は村の守り神です）」で始まります。

――私、シマフクロウは、山の中にばかりいたので、たまには海の方に行ってみようと思って、海の方に行って木に止まって、沖を見ていました。すると、沖からサケの群れが、こっちの方に向かってきました。サケの群れの中で一番先頭のリーダーが「今、尊い神さまがいらっしゃるから、静かに通りなさい」と言いました。でも、一番後ろにいる尾っぽの割けたやんちゃなサケが、「なに、あんな目ん玉のでかいものが神さまだって」とおちゃらけます。おちゃらけて飛んだりはねたりして、水しぶきをフクロウ鳥にかけました。フクロウ鳥は怒って、海の水を汲み上げてしまった。――

物語を探していた私は、この物語に出合い、これなら絵を付けられる、と思ったんです。

絵の勉強は独学で

絵にする物語はあったけれど、絵の参考になるものは、何もありませんでした。『芸術新潮』という雑誌で、位置のとり方など、いつも絵の勉強をしていました。友だちが美術大学に行っていたので、クロッキーやデッサンをやるのを見ていました。私は美術学校に行くこともできなかったし、美術教室に行くお金もなくて、働いて生きるのがやっとでした。でも、自分で雑誌を見て勉強していたので、いつのまにか身についていたんでしょう。

それから、例えば女の人を見て、頭、肩、おっぱい、足などの位置のバランスを取る。昔から、紙も何もなかったけれど、頭の中で絵を描いていました。それが生かされて、絵を描けたと思います。

下敷きにする布を置いて、配置を決めて、布を縫いつけていきます。それが布絵の作品になります。我流だったけれど、なんとかバランスがとれて、絵本になるような絵が描けたんだと思います。

「赤い目のフクロウ作家」

それから、私が見たデパートの布絵展に展示した先生方を中心に、集まりがあって、それに参加することになりました。そこで「私はアイヌで、布絵に感動しました」と言うと、何人かの知り合いができて、その中にギャラリーをやっている人がいたんです。私が「自分で作品を作っています」と話すと、「展示会をやりませんか」と言ってくれました。

子どもの時から、絵を描いても褒められたこともないし、たまに行く学校でも、絵を描いて出しても、展示されたことはない。作文を書いても、朗読されたことはない。私は誰にも見向きされない者だ、と自分で思っていたので、その提案に生き生きとしてきました。自分のために一度だけ展示会をさせてもらって、あとは作品を宝としてしまっておこうと思ったんです。

四月に布絵に出会って、同じ年の八月、その小さなギャラリーで、作品を展示させてもらうことができました。私の仲よしの同胞のアラキマーちゃんが、展示会の前に、道庁や新聞社、放送局にポストカードを持って行ってくれて、「宇梶静江が展示会をするから、来てください」と言って歩いてくれたんです。アラキマーちゃんはもう亡くなりましたが、私をとても助けてくれました。アラキマーちゃんは「宇梶静江の絵は、外で、木の枝にかけて展示した方がいい」と言っていました。

翌日の『北海道新聞』の一面で、「赤い目のフクロウ作家」って大きく写真入りで、いきなり紹介されたんです。びっくりしました。

フクロウだけでなくて、オブジェやアイヌ刺繡のタペストリーなど、いろんなものをたくさん作って、十畳の部屋いっぱいに飾れるほどになりました。とても好評で、たくさんの人が展示を見に来てくれ、知人が増えました。でも、たくさん作品を作った分、体が動かなくなって、神経を病みました。

アイヌの叙事詩が、絵本に

古いきれを使って、自分の体験やアイヌの伝承をもとにして布絵を作ったということが、世間では注目されたのです。この年の秋、東京に戻っても刺繡を続けていましたら、「展示会をおやりなさい」と友だちが声をかけてくれました。東京では、友だちの紹介で、いきなり、原宿のギャラリーハセガワでの展示です。新聞社が取材に来てくれました。北海道の札幌の財団の援助で、給料をもらいながらの制作でした。

最初の布絵の作品は、「セミ神さまのお告げ」でした。アイヌの叙事詩で、セミ神さまの物語を読んで、絵を作り、アイヌの財団の展覧会で優秀賞をもらいました。長い布に、絵を作って貼り付けました。その作品は、財団に安く買い取られましたけれど。

その後、「シマフクロウとサケ」を表現したんです。やっぱり紹介してくれる人があって、展示すると、見に来た人が「これはすごい作品だから、福音館書店に紹介します。絵本にして、たくさんの人に見てもらえるようにしたら」と言ってくれたんです。

そして、『シマフクロウとサケ』『セミ神さまのお告げ』『トーキナ・ト』の三冊の絵本が、福音館書店から出版されました。絵本には、自分の体験を通して、「こういう思いで布絵を作ったんですよ。アイヌ同胞にぜひ見てもらいたい。アイヌには叙事詩というものがあって、叙事詩を知ってから、同胞と語れるものができたんだよ」と、自分で文章も書きました。私は、まさか自分が絵本作家になるなんて、夢にも思っていませんでした。

セミ神さまの
お告げ
宇梶静江
シマフクロウ
と
サケ
宇梶静江
トーキナ・ト

変わってきたアイヌたち

ところが、アイヌには、「人間の形をしたものを作ると、悪い霊が入る」という言い伝えがあったんです。だから、鳥などの動物の形を作ったわけですが、アイヌの同胞から、伝統を破ったという批判が出ました。私は、人間が出てくる作品も作っていたので。

でも、「そんなことを言っている場合じゃないでしょう」というのが、私の中にありました。「叙事詩の中に、セミや虫や魚が出てくる。それを絵の形にして何が悪いんだ」、まずそれを見てほしいと。私は、前を向くことしかできない人間ですから。

同胞たちから聞こえてくる悪口は、堪えました。「あんなもの作って」と。同郷の姉茶の人が、私の作品のことを「あんなぼろをぶら下げて、アイヌの恥さらしだ」と言ったとか。それは、アイヌがこれまで和人に言われていたことそのままでした。

ある村のおばさん方が、たまたま札幌の会議に来ていたので、「今、展示会をやっているから、見に来てくれませんか」と誘ったんです。何人かは見に来てくれましたが、私の作品を見ないで、固くなって下を向いてるんです。寂しかったけど、子どもの時と同じだと思いました。私が何かやると、批判される。二十歳で中学に入ったことも、悪口の対象でした。その後東京に行く時も、「何のために東京に行くのか」「女を売りに行くんじゃないのか」って、それは和人でなく、同胞からの悪口でした。

アイヌがアイヌの作品を作っても、アイヌからは見向きもされない。アイヌの物語の中には、助け合う精神があるけれど、今のアイヌは、何かするとまず批判するという情けない状況になっている。

アイヌの中にも布絵を作る人はいますが、アイヌの物語をテーマに布絵を作る人は、いないんです。同胞からの批判の一方で、和人がいっぱい支援してくれました。ベストなどの服、着物に、アイヌ模様の刺繍をした作品も作りました。それを和人が買ってくれたんです。

オブジェも、ぼろきれを使って作りました。オブジェですから、いろんな表現方法があるわけです。私は、アイヌの現状をオブジェで作ったんです。昔のアイヌの生活はこんなによかった。でも、和人にいじめられて、今ではこんなぼろぼろの状態になっている。後ろには天皇家がいて、その天皇家の名のもとに、土地を全部奪われてしまった、と。

最近になって、「あなたの本を読んだよ」って、同胞の声もぼちぼちと聞こえるようになりました。アイヌも変わってきたと感じています。でも、当時は、同胞からは批判しかなかった。でもこれは、アイヌのせいではないんです。和人からいじめられたからなんです。これが、私の実感です。

第三章　アイヌの叙事詩に導かれて

アイヌの基本教育は「物語」

アイヌには叙事詩があったのに、アイヌの物語を語ることも、アイヌ語を話すことも、アイヌの生活習慣も、明治時代からすべて禁止されました。だから、親たちは叙事詩を教えてくれなかったんです。なまじっかアイヌの文化を知っていじめを受けた時に、それで応戦して殺されるのが怖かったんです。和人は何かと理屈をつけて、「アイヌは悪いから殺したっていい」というような時代を、親たちは生きてきたんです。自分の子どもたちに、和人に対する敵対意識を持たせて、けんかをして、よしんば勝ったからって、警察が助けてくれるわけじゃない。そういう目に親たちは遭ってきたから、私たちにアイヌ文化を教えなかったんです。

私はアイヌ文化を何も教えられなかったけれど、「物語を通じてアイヌの世界で育ってきた」という感じはありました。だから、物語がアイヌの教育だった、と思ったわけです。それは今のアイヌにもわかってもらえるという思いもあって、絵本を作ったのですが、そのときは、アイヌの教育にほとんどならなかった。私が表現したものを、アイヌは拒否するんです。当時としてはしょうがなかったかもしれないと、今は思います。ところが、和人が「これはすばらしい教育ですね」と受け止めてくれました。そのお蔭で、今、私がここにいるんです。

こういう物語があります。妊婦が山に行って、帰って来ない。熊に襲われたんだろうと、大騒ぎしたけれど、春になったら、その妊婦が赤ちゃんを連れて戻って来ました。「どうしたんだ」と聞くと、「熊の穴に連れて行かれて、お産をして、養ってもらったんだ」と。

妊婦は帰って来たのに、人間はその熊のところに行って、熊を襲った。妊婦が山に行けば、熊に腹の子を取られる。臓物は、体にいい。胎児はおいしい。動物は、そういうことを知っている。この物語は、それを警戒しなさい、という意味らしいんです。

物語がアイヌの基本教育だと思うんです。絵本にできるような物語がたくさんあります。物語は、アイヌが何を学んでいくべきかを教えてくれているんです。

自分が納得することが、本当の教育

私にとって、古布絵の世界は、〝うれしさ〟です。あんなに怒られても、私はそういう大事なものを捨てないで、抱えて生きてきたんだということです。これは言葉で言えないくらいの〝うれしさ〟です。

私の古布絵は、シマフクロウでもなんでも、アイヌの叙事詩を題材にしています。叙事詩を題材にすると、その物語を創った、かつてのアイヌが、甦ってくるんです。人間の子に、してはいけないことを教えてくれ、「おまえが悪いことをしたんだから、こういう罰を受けたんだよ」ということを、虫や鳥や魚を使って教育していることに気づいたんです。直接言うのではなくて、これが本当の教育じゃないか、すごいと思いました。

学校では、先生の言うとおりでないと、バッテンです。日本の教育は、納得しようがしまいが、先生の言うとおりがすべて。でも、アイヌの叙事詩を読んでいて、自分が考えて納得するのが、本当の教育だと思ったんです。

叙事詩には、怒られたり、失敗したり、いろんなことがありますが、訓示や教訓が多くあって、やり方が深いんです。私は、布絵を作って、叙事詩に出合って、それに感動した。自分の好きな布絵が、アイヌの文化を見つけさせてくれたんです。アイヌって、こういうすごい考え方をする人たちだったんだということを。

私の表現したいものは、まずは教育です。アイヌのたくさんのおじいさんやおばあさんが、叙事詩の物語を創ってきました。そういう物語の教育が、私は真っ当だと思うんです。そういう教育の中でこそ、本物の哲学者や思想家、芸術家が出てくるんじゃないかと思います。

なぜ今アイヌなのか？

萱野茂*先生の家には、本がたくさんありました。萱野先生も分厚い本をいっぱい出しています。そして、その中には、どう生きるべきかということが、ちゃんと書いてあるんです。

私たちアイヌは、伝統的に口伝で、耳で聞いて、口から口へと伝えることで、社会生活を営んできた民族です。が、明治以降、それらがすべて禁止されてしまいました。それによって、アイヌ独自の教育が失われ、和人の教育が押しつけられ、それればかり受けて来たんです。でも幸いなことに、アイヌの本当のことを知るための材料が、まだ残っています。それを使って、アイヌがどう生きてきたのかを、みんなに知ってもらいたい。

科学文明が発達して、月にまで飛んで行ける時代に、なんで今アイヌなんですか、なんで今アイヌでなければ地球が救えないと言うんですか、と同胞に言われます。

私は同胞に、「アイヌ自身がアイヌというものをどれだけ認識しているんですか。アイヌは、どういうふうに認識されていて、それにどう対応できるんですか」と申し上げたいんです。私たちアイヌは、何を信じて、何を見ていくんですか、って言いたいんです。ビルの街を歩けば、道はすべてアスファルトだし、お金さえあれば、物はいくらでも買える。お金の操作で、金持ちになったり、貧乏になったりしている。じゃあアイヌは、ビルを持ったり、企業を経営したりすることに向いていますか。北海道には、多額の補助金をもらって、すごい暮らしをしているアイヌも一部にいるようですが、みんなそういうふうに金満家になりたいですか、って言いたいですね。

＊萱野茂　一九二六―二〇〇六。アイヌ語しか話せない祖母の影響でアイヌ語を母語として育つ。コタン（集落）からの民具流出に心を痛め、一九五三年頃からアイヌ民具、民話の収集記録を開始。一九六〇年、アイヌ語の記録を始める。

人間には何一つつくり出せない

なぜ、死にかけているような、おばあさんの私が、「アイヌは一つになりましょう」と言うのでしょうか。物資のない時、大変な思いをしながら生きてきましたが、何によって生きながらえたのでしょうか。アイヌは何を信じて生きてきたのでしょうか。

それは、この大地が、私たちを助けてくれたからでしょう。自然の中にある食べ物を、自然が恵んでくれたんです。長い冬が終わり、雪解けが始まると、滋養強壮のすぐれた植物が出てきます。それをおひたしにしたり、おみおつけにしたりして、体を助けます。これは、大地が恵んでくれたことでしょう。

川に行って、石をはぐれば、カニやウグイがいる。それを私たちはいただいてきました。春になると、木の芽が出る。たくさんのものが、私たちを大切にしてくれました。海には魚、山には鹿など、生きものがいて、それも助けてくれました。

人間が何かをつくったことで助けてくれましたか? お米であろうが、なんであろうが、すべては自然から生み出されました。これ以外のすごいものってありますか?と、おばあさんの私は思っているんです。

人間には何一つつくり出すことができません。すべて、太陽と大地の恩恵だから、いつも、大地というカムイに、ありがとうございますと感謝する。これが、アイヌの信仰です。

何万年もの間、アイヌは戦争をしないで生きてきました。先祖の人たちも、自然に畏敬の念を持って、片時も神を忘れないで、「ありがとう、ありがとう」と神に祈ってきたと思います。

野菜を採りに行っても、「カムイ様、ありがとう。慎んでいただきます」と言って、お参りして採ったそうです。今は、あったから採る、誰よりも先に採ったからよかった、そんなことになっています。そうではないでしょう。空気でもなんでも、自分ではつくり出せないものは、神さまの力でしょう、とアイヌの私は、言いたいんです。

畏敬の念を忘れていませんか

私の家は、段々葺《ぶ》きの萱《かや》の屋根で、板壁でした。板壁は冬、内張りしないと、風や雪が吹き込んで寒いんです。冷えると病気になり、治らないと肺結核になって死んでしまいます。昔は、家の周りも萱でしっかりと壁を作りました。地面には莫蓙《ござ》を敷く。囲炉裏で薪《まき》を燃やす。夏も冬も薪を燃やす。自在鉤《じざいかぎ》に鍋を吊るして、ご飯を炊きました。

地面に近いところで寝起きする。そうすると、何メートルか先に人間が忍び込んできても、わかる。木の上にはフクロウ鳥がいて、見張っている。怪しい者が忍び寄ると、フクロウ鳥が教えてくれる。それで、「熊が来たか、獣が来たか」というのを判断しました。フクロウ鳥が家族を守ってくれたから、神として崇めたわけです。

今、そういう畏敬の念を、アイヌは忘れていませんか。

じっと耳を澄ませていると、アイヌの遺伝子の中に、先祖が来てお話ししてくれます。大地とお話ししてください。海とお話ししてください。太陽とお話ししてください。宇宙とお話ししてください。空気とお話ししてください。全部教えてくれますよ。

アイヌは、こうすればいい、これはいけない、ということを、すべて自然の神さまから教わり、知恵をいただいてきました。

そう思うと、私は、人間を神としてたたえることはできないと思います。人間は、すべて神さまから知恵をいただいてきました。動物が悪いことをして反省した物語や、いいことをして褒められる物語を通して、人間とは愚かで、すぐおごりたかぶるものであることを、教えてくれているんです。

すごいビルを建てなかった

アイヌも和人も、うそを言ってはいけない。性的犯罪や泥棒はやってはいけない。人殺しはいけません。アイヌにはその他に、三つか四つ、してはいけないことがあります。物乞いもその一つです。

罪を犯したら、法律には時効があっても、アイヌには時効という言葉がないんです。犯罪を犯すと、誰が見ていなくても、自分が知っている、天が見ている、カムイが見ています。だから、逃れることはできません。裁きとは、そういうものなんです。時効が来たら放免される、そういうものではありません。

どうやっても悪いことをし続ける人のことを、アイヌ語で「ウェンペ」と言います。そういう人は、人にあらず、生きものにあらずという意味で、「おまえはこんなに悪いことをして、もうどこにも生きられるところはないんだよ」と決定的に言い渡されます。それが罰というもんだ、というのが、アイヌの考えです。

そうやって、アイヌは自尊心を持って生きてきたはずなのに、それが今や忘れられています。アイヌでまとまろうとしても、疑心暗鬼の中で、アイヌどうしが足を引っ張り合うのが現状です。これではアイヌは一つになれないし、幸せにもなれないでしょう。

今、こんなにたくさんビルを建てたり、飛行機が空を飛んだりするのに、大正、明治のアイヌは、どうしてそのまねをしなかったんですか、って、アイヌの同胞に問いたいんです。立派な和人の家のまねをしないで、草屋根の家のままでいたんですか、って。そのころのアイヌは、やはり何かを知っていたんじゃないでしょうか。

抜きんでたビルを建てたからすごい、という概念は、アイヌにはないじゃないですか。このことに誇りを持ちましょうよ。

自然を敬えば敬うほど、自分たちは地面の上で寝て、「土さん、ありがとう、自然さん、ありがとう」と感謝してきたんですよ。慎んで、草のゴザをつくって、この薪をいただいて、火の神さまに感謝して、水の神さまに感謝して、生きているのがアイヌじゃないですか。すばらしいですよ。

世界を見ると、昔栄えた人たちがみんな滅びて、そこがもう聖地ではなくなり、跡形もなくなっています。城を建てたりなんかしているけども、今はすっかり朽ちてしまっている。世界遺産とか言われているけれども、これはみんな滅びたものなんです。

美とヒューマニズム

藤原社長との出会いで、二〇一九年、自伝『大地よ！』を出版しました。藤原社長は、本屋さんですが、音楽や絵画や芝居にも関心を持って、本当はアーティストなんだと思います。それは美で、どんな世の中にもつながるものがあります。

藤原社長が、出版社として、いろんな人たちにいろんなものを書かせることが、一つの大きな思想になっていくんじゃないでしょうか。一人一人にいろんな考えがあるけれど、それが一つの大きなものになる、その集大成がすごい思想になっているんじゃないか、と思います。そういう思想は、地球であり、太陽、星までの広がりと同じくらいのことだと思うんです。

藤原書店の本棚で見つけた、フランスのジュール・ミシュレ*の本『山』や『海』を読むと、ああ、そうか、ミシュレさんによれば、あんな高い山も、平らになろうとしているんだな、と。なぜ、あんな高い山が平らになるのって思うでしょう。でも、何億年かたったら平らになるということを、たぶん言いたいんだと思う。そういうことを、押しつけじゃなく書いてあるんです。ミシュレは、本当にすごい。表現が的確で、まるでつかめるように書いていています。

同じことが、アイヌの世界にもあるんです。物の見方、考え方、受け止め方、与えられ方、与え方——そういうもののすべてについて、世界じゅうに共通したものがあると感じます。文字や言葉では表現できない深いものがある、ということを感じました。

藤原書店がやっておられる賞で、後藤新平賞をいただいた時、「後藤新平*さんのことを調べました」という手紙をもらいました。台湾に、日本人の為政者が行って、台湾の人たちにはじめはきつい政策をした。その後、後藤新平先生が民の気持ちになって、土地の文化を消すのではなくて、取り入れて、それを生かした。だから、台湾の人たちは喜んで受け止めて繁栄したそうです。それを摑むのは大変だけれど、この新平先生のヒューマニズムは、美じゃないかと思います。

思いの中にある美、みんなを助け、相手の思いを高める力という美がある。日本人の言うとおりにしろというのでなくて、新平先生の思想の中に、人を大事にする、物事を粗末にしない、台湾の文化に対する敬意がある。

有名人ではなくて、普通の人たちが集まって、絵を描いたり、音楽をしたりする。心の中にそういうものを持っている人に、美を感じます。表現すべく舞台に立ち、そこにみんなが集まり、自分の中にあるものが共鳴する。そういうことの中に美を感じるんです。

＊ジュール・ミシュレ　一七九八―一八七四。貧しい印刷業者のもとにパリで誕生。独学で教授資格（文学）取得、エコール・ノルマル教師（哲学と歴史）、コレージュ・ド・フランス教授を歴任。『世界史入門』『ローマ史』の他、『フランス史』を執筆（中世六巻、近代十一巻）。二月革命（一八四八）では共和政支持、ルイ＝ナポレオン台頭で地位を剥奪されたが、その後、自然史（『鳥』『虫』『海』『山』）や『愛』『女』『魔女』『人類の聖書』に取り組んだ。現代のアナール学派（社会史、心性史）に影響を与え、作家としてバルザックやユゴーとも並び称せられる。

＊後藤新平　一八五七―一九二九。医師、行政官、政治家、社会啓蒙家等として広く活躍。また台湾総督府民政長官、満鉄初代総裁、逓信大臣、内務大臣、外務大臣、東京市長、少年団初代総長、東京放送局（ＮＨＫの前身）初代総裁、拓殖大学第三代学長なども歴任。日清戦争後の帰還兵の検疫事業、関東大震災後の復興事業、「政治の倫理化」運動等に尽力。

太陽、水、空気、地球、そして「エネルギー」

太陽、水、空気、地球と、もう一つ大事なものがあります。エネルギーです。エネルギーがなければ、すばらしいものは構成されません。あらゆるものを表現できるのは、エネルギーだと思うんです。

エネルギーは、神さまじゃないかと思います。エネルギーは、何かをつくらせる仕掛人で、エネルギーがなければ、何もかもふしゃんとなって、形になりません。怠けていると、戒めるし、働き過ぎると、体を壊す。こうして話していても、エネルギーが自分の中にあるのを感じます。エネルギーは、物を構成しているボスだと思うんです。

エネルギーがなかったら、木だって立っていられない。地球もない。力がなければ、何もできない。

私は来年八十八歳で、八が並びます。今、無理をすると、体がまた蝕《むしば》まれると思います。杖なしで歩く体にするのが、私の今の目標です。そうすると、やりたいことができる。針を持って、布絵のつづきもできる。

体からカタッとエネルギーがなくなると、すぐにわかります。体から、何か見えない力が抜けるのがわかるんです。エネルギーはいたずら者で、また神秘的な神さまでもあると思います。

……こんなふうに、突拍子もないことばかり言うから、子どもの時は怒られてばかりいたのかな。

私でも詩が書ける

思いというのは、思っているだけでは、忘れてしまうことがあります。言葉で言っても、消えてしまう。これが辛い。自分の思いを表現する場所を見つけるのは、難しい。自分の中で感じたことを形に表現したいと思いながら、それがなかなか叶わない世界で生きてきました。ですから、形にならなかった詩が、たくさんあります。

最初に文字にした詩は、『詩人会議』の壺井繁治*先生に出会ってからですから、三十三歳くらいだと思います。詩とは、相当教育を積んだ人が表現するものだ、神秘的なものだと、私はどこかで思い込んでいました。でも、チャンスがあったんです。

団地の自治会の会合に行った帰りに、一緒に会合に出た奥さんと話をしていて、彼女が「詩を書いているの」と言ったんです。「あら、詩を書けるなんていいわね」と言ったら、「あなたにも書けるわよ」と簡単に言うのです。そして、「何日か後に集まりがあるから、何か書いておいでよ」と誘ってくれました。私は、このチャンスを逃したら、もう詩というものには出合えないと思って、詩を書き始めました。でも、書けない。

昔、家や畑で、ラジオの浪花節を聞くと、力が出て楽しかった。浪花節は、歌いながら物語を表現していて、その表現の仕方で泣かせたり、喜ばせたり、笑わせたりする。私は浪花節に魅せられていて、浪花節語りになりたいと思ったこともあったんです。

それから、子どものころから、何か一点を見てぼうっとすることがあって、よく母に、パッと手をたたかれました。「ぼうっと見てるところには、何もない」と。子どもの時から、私は違う世界に行っていたんです。それで、浪花節から始めて、「ぼうっとしていることの好きだった私」という書き出しで、詩を書いて、持って行きました。子どもの時から相手にされないことには慣れていたし、期待はしていませんでした。

その場では、壺井先生は何も言われませんでした。でもその後、厚い雑誌をめくったら、私の詩は載っていなかったけれど、「彗星《すいせい》のように現れた詩人、浦川エマ」と、私のことが書いてあったんです。私はそれまで、何か褒められると、その後が恐ろしいという経験ばかりしていたから、「また落とし穴かな」と思ったけれど、詩の仲間たちは、私と本気で付き合ってくれました。

＊壺井繁治　一八九七―一九七五。詩人。妻は『二十四の瞳』の壺井栄。政治性、社会性の濃い詩風。香川県小豆島生。早稲田大学中退。一九二三年に萩原恭次郎、岡本潤、川崎長太郎らと『赤と黒』創刊、同誌の宣言「詩とは爆弾である！」を書く。アナキズムからマルキシズムとなり、左翼芸術同盟を結成。二九年、日本プロレタリア作家同盟中央委員。第二次世界大戦後は新日本文学会、詩人会議などのリーダーに。

私の中にあるものと、詩

その後、夫が広島に転勤になって、夕食の仕度をしながらテレビを見ていると、原爆ドームの灯籠流しを映していました。原爆のとき、お腹に宿っていた子どもが小頭症で、脳が発達せず三歳以上の能力は持てないというニュースがありました。子どもが成長しない、二十歳まで生きられない、そのことのつらさと灯籠流しが重なって、思わず叫んでいました。そして、朝までかかって「灯籠の火のかずを数える少女」（『大地よ！』所収）という詩を書いて、出しました。そうしたら、どこも削られずに評価されて、あちこちの詩人から、「灯籠の火のかずを数える少女」はいいと言われたのです。

私の詩が褒められたり、人に評価されたりするとは思っていなかったし、望んでもいませんでした。ただひたすら自分の経験と、自分の中にあるものとを総合させて作ったのが、私の詩なのです。

詩においても、アイヌの叙事詩から学ぶものは多いです。書いているうちに、それが詩という形になるのかな、と今は思っています。でも、アイヌをテーマにした詩は、どうしてもそのときは書けませんでした。

「灯籠の火のかずを数える少女」は、お腹の中で被爆した子どもを愛《いと》しいと思う、それが一つの根っこになっていて、あんな長い詩になったと思うんです。詩のつかみ方を知らないから、長くなるんですね。本当につかみ方を知っていたら、きっと数行で完結するんだろうと思いますが、これが私の詩です。できれば短く完結したいけれど。

高等教育を受けていたら、私はもっと違った人間になっていたと思います。こういう詩の世界は、高等教育を受けなかったお蔭でできたかなと思っているんです。

社会学者の鶴見和子先生*の本を読んでいると、社会の動きとご自分の考えを照らし合わせて、立派な文章になっています。でも私は、ただひたすら田んぼで働いてきたのです。稲が育って、穂が出て、刈り入れて、それを束ねてということをしていたから、生き方が全然違います。

父は、「女だから、学校で勉強してはいけないということはない」と、私に言いました。女だから子どもを産んで育てるのが当たり前だったとき、あの父の一言がなかったら、私は今ここにいません。家出して、流浪の旅で死んでしまっていたでしょう。

四十代のころに、すごく憧れた男の人がいたんです。その人がサクランボが好きだと聞いたので、声もかけられないのに、「あなたにあげたいから、サクランボを摘んで、エプロンの中に入れるんだけど、サクランボはこぼれてしまう」――そんな詩を書いたんです。

その詩は残念なことになくしてしまいましたけれど。残すのが嫌だったのかもしれません。詩は、今は書いていません。いたずら書きはしています。けれどそれは、人に見せるようなものではありません。

＊鶴見和子　一九一八―二〇〇六。米プリンストン大学社会学博士号取得。上智大学外国語学部教授、同国際関係研究所員、所長を歴任。南方熊楠賞、朝日賞をそれぞれ受賞。一五歳より佐佐木信綱門下で短歌を学び、花柳徳太郎のもとで踊りを習う（二〇歳で花柳徳和子を名取）。九五年、脳出血に倒れ左片麻痺となるも、『コレクション　鶴見和子曼荼羅』（全九巻）、歌集『回生』『花道』『山姥』、『鶴見和子・対話まんだら』シリーズ、『南方熊楠・萃点の思想』『遺言〈増補新版〉』『好奇心と日本人』（以上、藤原書店）などの著作を多数出版。

詩はハッと下りてきて、中から出てきたもので決まる

古布絵は、色彩や配置のバランスの問題もあるので、こういう構図で、こういうふうにして、と、よく考えます。一枚の画面の上で、バランスをつくるのは大変です。布を広げて、間隔や表現する場所を考えます。シマフクロウをどこに置いて、どういう顔で、どん

な背景にするか、構図を考えます。物語の中から構図を創っていくんです。

詩は、瞬間に生まれます。詩は、瞬間的に感じて、言葉につながっていきます。最後をどう結ぶかで決まると思いますので、そこが大変ですが、私の詩は、はっと下りてくるんです。例えば、東日本大震災の直後に書いた「大地よ」という詩は、大きな鏡の前で、パジャマを着て寝るばかりになっていた時に下りてきました。ホテルにいて、書くものがすぐ手元にあったので、パパパッと書きました。パパパッと書いたものの、最後をどうするかで詰まった。すると、手が自然に動いて、「手を合わす」で決まったんです。これが、「大地よ」の詩の、最後の決め方でした。

下りてきた言葉をつないでいけば、それがいい詩になるのかどうか。もう書けなくなって、終わってしまう、ということもあるかもしれません。

「誰も追いかけて来はしないのに」(『大地よ!』所収)という詩があります。『詩人会議』に、原爆で顔にケロイドのあった人がいました。私は自分の中にある拒否反応を、どうしても拭えませんでした。それが自分でも納得できなくて、「誰も追いかけて来はしないのに、誰から逃げたんだ、おまえは」という言葉が、出てきたんです。私は心の中で、同情はするけれど、どうしても特別に見てしまうという感情が、詩になったわけです。卑怯な詩です。悲惨な目に遭った人のことを、そういうふうにしか見られない。私の中の悪の部分を、そういうふうに表現してみたりもしました。

私が上京して働いていたとき、高田馬場の喫茶店の若大将と結婚するばかりになっていた女性が、籍を入れる前に出産しました。生まれた赤ちゃんに障がいがあって、それは原爆症だと、若大将の母親が彼女を追い出したことがありました。そんな話も「誰も追いかけて来はしないのに」の根っこにあります。

広島と水俣と戦争

私はいつの間にか、広島というテーマを持っていたんです。最初は全然わからなかったんですが、それがあることに気づいたら、逃げては通れないということがわかった。そういうところから、詩のテーマは生まれます。

広島で、ドームの周りを何時間か見ていたことがありました。知り合いが胎内被爆したことを思い出し、川に大勢が浮いて、ひどい状態だったこと、ビルの階段で被爆して焼きついた影を見たりしました。戦争は、私の子どもの時にあったことで、大変なことですから、私のテーマの一つなんです。

戦争のころ、戦争に行った、親戚でもないアイヌの子どもらを、家で母ちゃん、父ちゃんが養っていました。その子どもたちを寝かせなければいけないから、家族の敷布団は破かれて、袋にわらを詰めて、四畳半ぐらいの寝床をつくりました。親は、食べるものもみんな同じにして食べたと言っていました。

ずっと前に、七三一部隊のことを本で読みました。七三一部隊にいたという、当時九十になろうとする五〇人の証言でした。〝書くつもりはなかったけれど、戦争はいけない、七三一部隊のことを残さなければと思う〟と覚悟して書かれた本です。その場所にいた人が書いたものは、本当にすごいです。本当に酷いことでした。体じゅうにノミをたからせたり、毒を飲ませたり、生かしたまま体を切り裂いて解剖したり――罪人でもない普通の人を、牢屋に収容して、実験する。現地の中国の人が、一番ひどい目に遭ったでしょう。私は姉茶で貧乏したけれど、戦争の本当の悲惨さを体験していない、焼夷弾も受けていない、そんなふうに感じました。

「阿賀野川の水銀問題にかかわってほしい」と言われて、関わったこともあります。水俣と同じように、阿賀野川も、水銀の毒でやられたことを勉強しました。映画を見たり、本を読んだりしました。

私の中で、広島と阿賀野川と水俣は、違います。どれも、拒否しているのではなくて、受け止めているつもりです。でも、広島は書けても、水俣は書けません。理解はできるけれど、書けない。どうしてかはわからないけれど、同じ毒や化学物質でやられてるんですけれど、それを作品にすることができないのです。現地で、肌でその問題に触れていないところが、違うのかもしれません。わかりません。

地球はコトコトとおしゃべりをしている

自分にとって表現とは何か。

私が今抱えているアイヌ問題で言うと、いいならいいと人様に伝えたい。悪いなら悪いで、悲惨な思いをしたことの詳細、なぜいじめに遭ったのかをわかって、それを伝えなければいけないと思います。これが、今の私の表現です。

それから、古代の人たちの教育に学びましょう、と言いたい。古代の叙事詩を、絵でもなんでもいいから、使って学びましょう、と。

古代の人が、どこから学んできたかと言うと、大地なんです。大地は、土や草や水で満たされています。そしてそこに、さまざまな数えきれないほどの生きものがいます。不思議なことです。

そして、その中に人間がいる。人間には、いろんな知恵がある。そういう知恵は、全部何かが教えてくれたものですよ、と言いたいんです。

石器時代は、石で物を砕きました。加工しやすい石を発見して、ナイフのかわりにした。繊維になる草で、縄を綯《な》った。すべて誰か人間が持っていたものではなくて、みんな大地が持っていたものです。それを人間はいただいて、自分たちの生活に合うようにしてきたんです。

自然の中にあったすべてのものが、私たちの知恵となり、肉となって、発展してきたと思います。このことを忘れて、文字だけを追いかけて、論文を書いて発表すれば、これが教育だ、勉強だというのは違います。

本当のことは、この地球がすべて教えてくれる。地球が教えてくれるものに従って勉強するのが、本来の在り方だと、私は思っています。そういうことを、表現したいんです。

地球は、お天気、気候、時の移り変わり、災害など、とてもたくさんおしゃべりをしています。病気をしたり、回復したり、たくさんの生きものが消えたり、新しいものが生まれて増えたり、コトコト、コトコトと、地球がおしゃべりをしているように聞こえます。

地球は、太陽の周りを回っています。ものごとは、動きから始まります。私の中では、大地は静止ではなく、動いています。

海や陸地の生きものの話を受け止めて、学問する人たちがいます。それを哲学者と呼ぶとすると、哲学者は人間ではなくて、地球さんじゃないかと、私は思っています。

第四章　祈り（カムイノミ）にはじまるアイヌの世界

すべて感謝のカムイノミから始まる

私にとって、アイヌの文化は、お祈りです。カムイにお祈りすることをカムイノミといいますが、私の家では、子どものころから家族が一緒にカムイノミをしていました。

父が山奥にテンを獲りに行く前の晩には、火のカムイにイナウ（木幣、アイヌの祭具）を立てて、イナウを通じて火のカムイに、「明日私は山へ狩りに行きます」「山に入りますが、目的のテン以外には、山に災いをしません」「ですから、どうか山に入らせてください」と山のカムイにお祈りするんです。そういう祈りを見て、育ちました。

春、田畑を耕す前には、自然の神さまに、「これから土にさわらせてもらうので、どうぞお願いします」「余計な荒らす仕事はいたしません」「作物をつくるために田畑を耕しますので、よろしくお願いします」と、焼酎やどぶろくを持って、イナウの頭にイクパスイ（へら状の祭具。捧酒箸）でお酒を捧げながら、火のカムイを通して、大地の神さまにご報告してもらいました。

病人が出ると、火のカムイに、「子どもがこういう病気になったので、その病気の災いを逃してください」「カムイの力で悪いことを取り除いてください」「あなた様を頼りにしています」「このお酒をもって捧げますので、どうぞ受け取ってください」とお祈りしました。

サケが上がって来る時期になると、アシリチェプノミ（新しいサケを迎える儀式）といって、村人がみんな集まって、お祝いとして、川のそばでカムイノミをしました。「サケが上がって来るので、これから漁をさせていただきます」というお祈りです。

事あるごとにカムイに報告して、そして事を始めるのです。季節が来たから、わっと行って、勝手にとったり荒らしたりするのではなくて、カムイに必ず断って、カムイノミを厳かにやりました。

採り尽くさない知恵

山歩きをしていて、マイタケの大きな株にたまたま遭遇して、父が背負って帰って来たことがありました。そういうものに遭遇した時は、「あなたに出会ったので、採集させていただきます」「私は感謝して、あなたと共にあります」というふうに祈って、採集するそうです。「あった！」と、ただパッともぎ取ることはしません。

阿寒の方の、私より二つ歳上のおばさんが、マイタケを採りにおじいさんと山に行ったところ、マイタケがたわわにあったそうです。おばさんはマイタケの前で喜んで、「マイタケさん、ありがとう。私は今あなたをいただいて、あんたと一緒に生きるからね」と歌を歌いました。するとおじいさんに「シャモがここを見つけたら、根こそぎ持っていくじゃないか。シャモに教えてるようなもんじゃないか」と怒られたと言っていました。その話には思わず笑っちゃったけれど、まずは感謝なんです。「マイタケさん、ありがとう、よく私に授けてくれた」と。

ウバユリからデンプンを取ったり、そのカスを発酵させて、臼でついてお団子にして、保存食にしたんですが、そういうものを採る時も、歌いながら採ります。ただもぎとるのではなくて、植物なら植物に対して、「あなたと一緒に生きます」と報告するそうです。

山に草木が繁茂して、おいしい植物が出て、熊も出てくるころになると、近所の人たちとみんなで山に行きます。あるところに、ウバユリがたくさんある。子どもが「うわあ、ウバユリだ」と採ろうとすると、「大きいのから採れ、小さいのは残しとけ」と親に言われます。「全部採ると、来年はウバユリが逃げていく」と。子どもですから「どこに逃げるんだろう」と思ったものですが、採り尽くすな、種を絶やすなということです。

お天道さんに失礼のないように

人間は、物を食べて、排泄します。昔は、排泄物を土に返したものです。口から入ってきて、出たものを、土に返して役立てることが、昔はあったわけです。

アイヌの家では、男女別のトイレが、家の外にありました。私のころは、トイレは一つでしたが、基本的に、アイヌは野の人です。旅をしたり、畑にいる時は、野の中で処理しました。その時でも、お天道さんに悪いからと、排泄後は草や土をかけて、お天道さんに失礼のないようにしたそうです。

山にお弁当を持って行く時は、箸を持っていかないで、箸のかわりに木の枝をいただきます。食事の後は、折っておくんです。その理由を母に聞いたら、「そのまま置くと、ほかの動物を惑わすから、惑わさないために」と言われました。

また、「水を汚すな」「水はカムイだから汚すな」とも教えられました。子どもだから、言われたことが身に沁《し》みるんです。「すべてカムイだよ」「水の中には、一緒に生きているものがあるんだよ」――子どもでもわかるんです、一緒に何かが生きているということが。よく父が、「一寸の虫にも五分の魂」と言っていました。子どもだったから、五分って何だかわからなかったけれど、同じということ、魂は同じだということなんだろうと思っていました。

何のカムイ、何のカムイと、カムイがたくさんいるので、たくさんのイナウを作って、みんなでそれぞれのカムイに向かって、「こういうわけで命をいただいたんです」「みんなのためにおろしてもらいました」「一緒に恵みをいただいて、俺らもいずれ大地のものになります」というような言葉を添えて、カムイに祈るわけです。

悪いことをしても、逃れられない

アイヌの家は、囲炉裏で火が燃えていて、壁があります、アイヌは、囲炉裏にも壁にも魂があると考えていますから、そういうものがすべて見ているのです。だから、悪いことをしても、逃れられません。これは、アイヌの社会の大事な考え方の一つです。人間が見ていなくても、あらゆる魂に見られている。こういうことを言うと、犯罪は起こりません。和人は、犯人を探し出して、死刑にしたり、罰を与えます。アイヌは、犯人がわからない時は、犯人は自分の罪を抱えて、地獄の世界で生きていると考えます。

それでも、どうにもならないような人は、いるわけです。そういう人を「ウェンペ」と言います。最も救えない者のことです。アイヌの世界では、そういう魂は最悪の地獄に送られて、二度とこの世に出て来られないとされます。そこに送りこまれたら、もう逃れることはできません。

これは精神的な問題です。「現実にはこの世に生きているけれど、本質は真っ暗闇の世界にいる」と。見えない世界で裁かれることかなと思います。

国からアイヌの予算を取って、分配しないで自分の懐に入れている人は「ウェンペ」です。そういう人たちは、現実にいます。その人たちは、必ず見えない世界のカムイに裁かれます。人間が裁くことができなくても、カムイが裁きます。

和人にも悪い人は多いですが、私はアイヌですから、アイヌどうしで意地悪したり、悪いやつがいることが、とても情けない。お金に汚いアイヌ、人の悪口ばかり言って貶めるアイヌがいる。「アイヌよ、どうか悪い心を持たないでください」と言いたいです。

チャランケで話し合う

アイヌに拾われた和人であるおじから聞いた話です。その昔、何十人と集まる大きな家、チセがあったそうです。裁判のようなことがあると、村の人たちが集まって来て、どういうわけでこういう状況になったかと議論をする。

でも、なかなか解決がつかないことがあるんだそうです。何日も何日も、昼も夜も討議して、最後には解決したものだということでした。

それが「チャランケ」という言葉になっています。チャランケとは、けんかをしたり争ったりすることではなくて、よく話し合って、話を砕いて理解し合う、ということだったそうです。

やられたらやり返すこともあるけれど、やり返された人はどんな気持ちになるだろうか、ということを考えたりします。一万年も戦争を起こさなかったというのが、アイヌの文化なんだからと思っています。

みんなで食事をすること

父は、春になると人をたくさん呼んで、よく食事をさせていました。早春は寒い北海道ですから、足を火に当てたり、あるだけの布団にじいさんもばあさんもみんなで入って、寝るんです。目を覚ましたら、飲んで食って、大騒ぎしていました。

親たちは、遠くから知人が来て泊まったりすると、一晩じゅう昔の話をしていました。父が、みんなを家に呼んで飲み食いしていたのは、みんなに心の癒しを与えていたんだ、とある時、気付きました。父親のやったことは、そういうことだったんだ、と。

みんなで集まって飲み食いすると、楽しいんです。その楽しさが、みんなに一年の生きる糧を与えていたと思うんです。

一年に一回、感動をくれていたんだ、そしてまたゼロから出発できたんだと思うと、いいことやってくれていたんだって父に感謝の気持ちがあふれてきました。そのかわり、いつもぼろ着てましたけれど。

ヘビがいるところは、土が汚れていない

ヘビを怖がる人は多いですね。シュッ、シュルシュルと這《は》って来るのが、私も気持ち悪いです。けれど、怖がらないようにと思うようにしています。アイヌの教育で育っているから。長いヘビでも、頭は小さい。あんなに顔が小さいのに、あんなに長い胴体を持って、気の毒だなと、何かいいように理解しないと、ただ気持ちが悪くて。

ヘビは、地面を這うカムイなんです。だから、地面をよく知っている。「このごろ、ヘビが出ないんだ。ヘビが出ないということは、地面が荒らされてるということなんだ。地面が汚れると、ヘビの体が汚れる」と言っている人がいました。そのとおりだなと思います。

この前、孫の住むマンションの通路に、ヘビが出たそうで、それを映して、見せてくれました。「ヘビが出るところはいい地所だから、大事にしてあげて。ヘビを殺さないでね」

と言いました。孫のところに行ってみると、周りに家が建っているけれど、草がぼうぼうと生えている空地もあります。「あの辺りに、ヘビが住んでいるんだよ」と話したんです。ヘビがいるところは、農薬などであまり荒らされてない証拠です。ヘビやカエルのいるところは、土が汚れていないのです。カエルもヘビもいなくなったら、人間もやがていなくなるでしょう。ヘビはそんなふうに、教えてくれるカムイ、地面を這うカムイなんです。

リリムセの絶叫「ハア～」

震災が起きると、アイヌは天に向かってリリムセ（歌と踊り）をしました。「カムイが怒っておられるんでしょう。どうか慎んでください。自分たちもとても慎み深く受け止めていますので」と天に報告して、神に許しを請うリリムセをしたそうです。

リリムセの時には、すごい声を出して「ハア～」と言いました。あの声は、今ではもう私には出せません。集団でいて、自然に出る声だなと思います。

娘時代、家の前でストーブの薪切りをしていたら、同じ年の友だちが来ました。家の中には兄の嫁さんと赤ちゃんがいました。井寒台《いかんだい》というところから来た、入れ墨をした私の大好きなおばあさんも来て泊まっていました。その時、大きな地震が来て、体ごと飛ばされたんです。

すぐに家の入り口を開けました。昼の仕度の最中で、ストーブにご飯をかけていたけれど、御飯ごとひっくり返して、火を消しました。おばあさんが入り口に這い出てきて、「ハア～」と、その声を出しました。今でも聞こえます。カムイに「助けて」と、あんな声を出すんだと思いました。

今のこんな世の中を、カムイはきっと、慎んでくださいと言うでしょうね。

獲物をいただくことをカムイに感謝

イナウにお酒を垂らしながら、火のカムイにお願いして、火のカムイから山のカムイ、あらゆるカムイに伝わるのが、「カムイノミ（神への祈り）」です。

火のカムイは、おばあさんの女カムイなんです。「カムイフチ（カムイのおばあさん）、カムイ」と言って拝みます。山のカムイも女のカムイで、下手なことをすると災いを受けるというので、気をつけなければいけません。自然をばかにしてはいけない、ということです。自然界では、何が起こるかわかりません。

ひょっとして熊が出るかもしれない。「山に分け入らせてもらうけれど、悪さはしません」「目的に向かって行ってくるだけですから、どうぞお許しください」「お守りください」と、山のカムイに火のカムイを通して伝えてもらうのが、「カムイノミ」です。私が小さいころから、家での行事です。冬になると、父は山に猟に行きます。

父親は夕方、七時ごろ、こうこうと燃えた火に、イナウを通じてカムイノミをします。いったん寝て、夜中の二時ごろに起きて、山に向かうんです。二、三日山に泊まったりして、罠にかけてテンを獲《と》って来るために。猟を終えて帰って来ると、皮を剝《は》ぐ。剝いだところは見ていませんが、剝いだ皮は板に張りつけて乾かします。テンの頭蓋骨をイナウの頭に刺して、カムイ所《どころ》に置いて、お祈りしていました。お祈りしてから父がどうしたか、それはわかりません。お祈りして、皮をむいたばかりだから、血がついた頭蓋骨でした。

そうやって、獲ってきた動物にお祈りする。「皮を役に立たせてもらいます」「あなたの魂は、天にお帰りください」「天に帰るように、お祭りさせてもらいます」ということだと思います。

小さな家でも、三畳ぐらいのカムイ所があって、そこは神聖な場所でした。

私の見たイオマンテ

私が数えで十一歳くらいのときだったと思います。私の同級生のお父さんが、山で子熊を二頭連れた母熊に遭遇して、村に報告しました。それでアイヌの狩人たちが、母熊を殺して、二頭の子熊を村に連れて戻って来たんです。母熊を殺した時も、霊を天国に送るための儀式をしたと思います。

その二頭の子熊は、私の家の近くで飼っていました。散歩させられている子熊とよく遭遇して、かわいいと思っていました。でも、だんだん大きくなると、危険だということで、檻の中に入れるようになったんです。そして、「大人になったから、天国に送ろう」と、イオマンテをすることになりました。

真冬でした。灌漑用水も凍りついていていました。私はその時十歳ぐらいでしたが、見に行きました。広場で、熊二頭に縄をつけて、走らせるんです。威嚇して、熊に花矢を打つんです。花矢は、枯れたヨモギの棒に、イナウのようなものが削ってあるものです。当たっても痛くないだろうけれど……。

その後、熊の首を絞めて殺します。私は、熊が死ぬところまでは見ていません。ちょっと遠くから、そのお祭りを見ていました。熊を飼っていたおばさん方は、みんな泣いていました。カムイとして天国に送るといっても、さっきまで大事にかわいがって育てていた熊ですから。このお祭りが、天に熊の霊を送るイオマンテだと思うんです。

厳かに隊列を組んでカムイノミをしたのでしょうけれど、私は帰って家の手伝いをしなくてはいけなかったので、最後まで見ていません。

アイヌは、熊を、「天のカムイが毛皮を着《つ》けて、肉をつけて下ろしてもらった」と考えています。だから、熊の肉と皮をいただいて、その代わりにカムイノミをして祈り、カムイにお返しにたくさんの贈り物をします。捌《さば》いた肉で肉汁をつくって、大きなお椀で集まった人たちと分け合って食べました。

イオマンテをやったと聞いた他の村の人も、熊の霊をみんなで送ろうと、お米やいろんな野菜を持って来て、何十人と集まって、一緒にお祭りをします。お米は一晩漬けて、翌日臼でついて、米粉で団子を作ります。その団子と熊肉と野菜を、鍋で煮ます。お米を粉にするのを手伝った覚えがあります。夜になると、大人も子どもも大きな木のお椀にたっぷりと、熊の肉と団子の入った熊汁を食べます。熊一頭分だから、熊汁はたくさん出来ました。ものすごくおいしかったことを、口が覚えています。

消えていった野生動物たち

その後、熊はなかなか獲れませんでした。アイヌではなくて日本人や兵隊が、熊を獲りつくしたからです。残っていたのは、野ネズミとヘビぐらいでした。フクロウ鳥も獲られました。村を守るカムイにいたずらした、とアイヌはとても怒りました。

大正や明治の時代に、開拓団によって、北海道の動物はかなり獲られたと思います。オオカミは滅ぼされました。私は子どものころ、オオカミにも鹿にも、野生の動物には会ったことがありません。

私の子ども時代、大きな木は、切り倒されてありませんでした。直径一～二メートルくらいの大きな切株や、中で遊べるほど大きな洞《うろ》があった枯れ木を覚えていますから、相当大きな木が生えていたと思いますが、影も形もありませんでした。

一九六〇年代ごろ、東京から田舎に戻ってみたら、ほとんど見かけなかった鹿やキタキツネなど、野の動物が現れるようになっていました。でも、キツネや鹿は増えていますが、タヌキは今でも少なく、増えない動物もいます。オオカミは今もいません。

カムイノミの消滅と和人化

アイヌもその祈りも、だんだんと和人化されていきました。貧しい家では、カムイに捧げるお酒もない。アイヌには経済力がなく、親子三人くらいなら何とかできたでしょうけれど、子どもがたくさんいると、それだけで大変でした。ワンカップでもなんでも、お酒が手に入ると、アイヌの習慣でまずカムイに捧げたのですが、それもできなくなっていくわけです。それから、戦争のせいか父親のいない家が結構あって、カムイノミする主人がいなくなりました。

また、「御利益があるよ」「助けてくれるよ」と、丸い太鼓をバンバン打って、家々を回る和人の信仰の人たちに感化された人もいました。他にも、和人のお大師信仰などがアイヌの中に入ってきて、カムイにすがることがなくなって、カムイノミは衰退していったのです。近所に熊とり名人の一族がいて、その人たちはカムイノミしていましたけれども。

そうすると、親たちがいつも言っていた、「土や水を汚してはいけない」というところから、遠ざかってしまうんです。太陽を崇めるのでなく、天皇陛下とか、日蓮とか、〝偉い人〟に向かっていく。長いものには巻かれろ、みたいに。

自然の動物や植物、川や海の魚が、自然がアイヌを助けてくれていたのに、それが消えていく。つまり、食も変わっていき、考えが和人化されていく。アイヌにとって、これは衰退への一歩です。

私は、カムイノミをする家に育ったからそれがわかるけれど、同年代でも、カムイノミについて語れない人が、たくさんいます。一緒に東京に来た仲間内でも、カムイノミしたという話はしないんです。そういう習慣がなかったということだと思います。

娘の一家に一緒に住もうと誘われて、福島県いわき市に引っ越したことがありました。いわきには、昔アイヌがいた形跡があって、地名ももともとアイヌ語だったものが残っていました。「アイヌを守る会」を作ってくださり、「アイヌのお祈りをしたい」と言われ、お祭りをしたことがありました。アイヌの儀式をやっていた村で育った、一歳年上のお姉さんに、「アイヌの歌を歌おう」と言ったら、「知らない」と言うんです。びっくりしたのですが、仕方がないので、歌はやめて、「イチャルパ」という先祖供養に変えました。これが私たちの世代の状態です。

アイヌ語は子どもに伝えない

私の家では、母が静内《しずない》(日高地方)出身で、母だけがアイヌ文化を持っていました。父の身内と比べると、母の方が多毛でしたから、母は父の親戚から軽蔑されていたそうです。身内が身内を切っていく。おばさんたちとうちの母がアイヌ語で話している時は、何を話していたのかわかりませんでした。

父の一族はみんな混血していて、アイヌ語をしゃべらず、カムイノミをしたことがなかったようです。父は、自分の母を九歳で、父を十一歳の時に、それぞれ病気で亡くしていました。きょうだいは五人いたけれど、みんな死んでしまったそうです。父はほとんど、自分のことを語りませんでしたが、カムイノミでカムイに話す言葉は、アイヌ語でやっていたようでした。ふだんはアイヌ語を話しませんでした。

親たちは子どもにアイヌ語を教えようとしなかったんです。だから、家の中で、アイヌ語の会話はありません。近所の人や、訪れてきたアイヌとアイヌ語で会話するというような習慣も、消えていました。

明治三十二(一八九九)年に旧土人法が出来て、下手なことをやるとぶち切られます。命が大事だから、消えていくわけです。アイヌ語を話していると、和人から「いつまでアイヌ語を使っているんだ」「アイヌ語使って、悪口言ってるんじゃないか」と言われるからと、アイヌ自身がアイヌ文化を切り捨てていく。戦争もありましたから、みんなが和人化されていく中で、アイヌ語だけで話していると、スパイみたいに思われたようです。

だから、アイヌ語を子どもたちに教えると、子どもたちが災いすると。子どもには惨めな思いをさせたくないと、アイヌ語は教えないし、私たちも聞こうとしない。アイヌ自らが、アイヌの習慣を切り捨てていかざるをえないことが、いっぱいありました。

和人は、「おまえはいいやつだけど、あのアイヌはみじめだ」とか言う。そうすると、言われたアイヌの仲間を、アイヌがみじめに思う。これも和人の作戦でした。

第五章　アイヌの精神の深みとアイヌ力《ぢから》

イチャルパ（食べ物を地面に置く）

ちょうどお彼岸の時期に、ふるさと姉茶に来ることができました。昨日は、先祖の墓参りに行きました。先祖供養を「イチャルパ」と言います。「イ」は食べ物、「チャルパ」は土の上に散らかすということ、土に種をまくことだそうです。

お墓や家で先祖供養をする時には、お菓子やお料理などの供物を先祖にあげて、一つ一つの供物を、「これはこういうもので、先祖さまに差し上げますから、どうぞ受け取って、みんなで分けて、幸せに暮らしてください」と言って、送るんです。

カボチャを煮たり、トウモロコシを茹でて、供します。こちらでは煮物であったり、乾物であったり、お菓子やお酒であったりするんですが、あの世にお供物が届くと再生されて、カボチャならカボチャがたわわに実り、小豆なら小豆がたくさん生《な》り、お米は実り、こちらでイチャルパしたものが種となり、育って、霊界の人たちは裕福に分け合って暮らしているんだという話を聞きました。

この世で種を蒔くと、向こうに届く。すごいことだなと思います。あの世とこの世の、これが本当のつながりだと思います。心の触れ合いというか、届いているという安心感というか。

こちらから行った人たちが暮らしている霊界は、きれいな水が流れていて、その川の周りにきれいな柳が生えているそうです。美しい村だそうです。その世界が想像できます。

地面にまくと、あの世で再生する

イチャルパの思い出があります。地面に米、煙草、酒など、たくさんのお供物を置き、先祖にそのお供物を届けます。先祖に種を蒔き、種が先祖に届くと、再生されるという意味です。イチャルパをするのは、年忌などです。

家族で墓参りに行くと、母は煮物やお餅を何種類も作って、重箱に入れて持って行きました。お墓に着くと、「カシワの葉っぱをとって来い」と言われました。カシワの葉っぱは、ちょっとしたお皿ぐらいの大きさです。その葉っぱを母は地面に並べて、葉っぱの上に、お供物を一つ一つの並べるんです。

そして、持って来たお水やお酒を流して、あちらの世界に送るのです。「これはお水です」「たくさん差し上げますから、みんなで分けて飲んでください」と。カボチャや魚の煮物、魚を干したもの、お米や煙草、いろんなものを並べます。「これをあげます」と、お供物全部を説明するんです。

そして、「どうか受け取ってください。みなさんの供養に、贈り物を持ってきました」「先祖さまに差し上げますから、どうぞ受け取って、みんなで分けて幸せに暮らしてください」と言って送ります。

母はあまり説明してくれなかったので、九十何歳かの、刺青をしたおばあさんに、イチャルパの意味を聞いたことがありました。そうしたら、「イチャルパというのはな、地面に物を投げる、まくということなんだよ」と言われました。

「へえ、どうして地面にまくんですか」と聞いたら、「それは種なんだ。あの世に種を植えているんだ。種は、向こうに行ったら、再生されるもんなんだよ。再生されたものを、みんなが受け取って喜ぶんだ。お酒をコップ一杯あげても、あちらに行くと、何本もの樽に入るほどのお酒になっているんだ。水を流すと、みんなで飲める水になるんだよ」と教えてくれたんです。

和人の世界で、地面の上に食べ物を置くというのは、考えられないでしょう。アイヌがそういうことをするのは、ちゃんとそういう理由を持っているからなんです。それが供養であり、イチャルパだというのが、わかったんです。

私は「ああ、すごいことだな」と思いました。あの世に行った人と、この世にいる人とのつながりというか、心の触れ合いというか、安心感というのでしょうか。こんなことが、アイヌの日常生活の中で語られ、納得し合って、慈しみ合ってきたんだなと感じます。先祖の生活習慣を、大切にしていきたいと思っています。

あの世に届く水

うちにカムイノミに来る人たちから、「あのな、おまえたち、これから都会に行ったり、あちこち出歩くべ。その時、死んだ親の夢とか、死んだ友だちの夢を見るべ。そうすると、道ばただって、どこだっていい、地面に水をあげなさい。あの世の人が一番欲しいのは、水なんだよ。それが供養なんだよ」と教えられたことがありました。どこで地面に流しても、あの世にはきれいな水として届くんだよ、と。

このあいだ、木更津に行った時、お山の観音様にお参りする人がいたので、一緒に付いて行きました。観音様のいるお寺に差し上げようと思って持っていった一升瓶が、突然、バンと道の途中で割れたんです。「この山にはたくさんの神さまがいて、その神さま方にこの割れたお酒は必要なんだよ。これは割って損したんじゃなくて、神さまにお分けしたんだよ。だから悲しまないで」と私が言ったら、一緒にいた和人たちがみんな、森に手を合わせてくれました。

ふと手元が狂って、何かをこぼすことがあるでしょう。もったいないと思うかもしれないけれど、それはそこに、ほしいと思ったカムイか、霊がいるということなんです。人間が気づかなかっただけなんです。

間違って落として割った瀬戸物も、カムイの世界で再生されて、みんな元の姿になるんです。そういうものを置く場所が、アイヌの家にはあります。東の方の角に、囲炉裏の灰などを置き、茶碗の割れたものとか、日常使うものの壊れたものなんかを置いていました。

和人のとむらいも、気持ちはイチャルパと同じだと思うんです。お供物をお供えして、お坊さんがお経をあげて、あの世の人に受け取ってもらうわけですから。でも、アイヌには喪主を一人に決めるやり方はないし、子どもでも一人一人が喪主になるので、喪主を一人に決めて拝んでもらうという仏教のやり方は、私には辛いところがありました。いつもみんな一緒にやっていたから。

地域によっても、時期によってもさまざまな儀式

私はかろうじて生活の中で、カムイノミやイチャルパを知りました。イチャルパは年じゅうやっていました。十三、四歳のころまで、いくつかアイヌの行事を見ていましたが、それ以後は記憶がありません。

「パセカムイノミ」は、海や山や大地、森羅万象の大きなカムイに対してお祈りするカムイノミです。「パセ」は海で、宇宙や地球のように大きいという意味です。春と秋に、海に向かって、大地に向かって、天に向かって、山に向かって祈るカムイノミです。

サケが上がってくる時期には、「アシリチェプカムイノミ（新しくやって来るサケを祝う祭り）」がありました。「サケを獲らしてもらいます」というカムイノミですね。何かを始める時には、「始めますよ」という行事をし、終わった後には、「お陰でうまくいきました、ありがとう。イヤイライケレ（自ら感謝する）」と、結果を感謝するカムイノミをします。

地域によって、いろんなやり方があったと思います。道東と道南では違うし、道南でも、函館と釧路で違います。私が見たのは、日高地方の小さな村、姉茶でかいま見たアイヌ文化です。

カムイに抗議するカムイノミ

子どもが風邪を引いたり、お腹を壊して長患いした時など、「何とかしてください」ではなく、「その病気を取り除いてください」と、私は祈ります。

子どものとき、私が病気になると、母はカムイノミするおじいさんに頼んで来てもらい、囲炉裏のところに寝かされて、おじいさんが枕元で火の神さまに、小豆やお米、塩や煙草をお供物として供えて、イナウにお酒をやり、火の神さまを通して、「この子の病んでいる部分をカムイの力で取り除いてください」「そのお祈りに来ました」とお祈りしていました。

家の外で災難にあって死んだりすると、アイヌがカムイに対して怒るんです。「私たちはあなたに命を預けているのに、あなたが気を許したから、大事な人が命を落とした」と、カムイに抗議して、カムイノミをするんです。

外で死んだ人の葬式では、何十人もが刀を上に向けて、「カムイ、油断したでしょう。私たちはあなたに従って生きているのに」と言います。こういう葬儀では、遺体を外に出す時、出入り口から出さないで、家の壁を破いて、横っちょから出します。私は八歳のころ、そういうのを見ました。

守ってくれているものを感じる

私は、〝カムイしかいない〟と思っています。人間には裏切られるし、一生懸命しゃべっても、反論されます。でもカムイがいる世界では、反省があるし、心の中の語りもある。いわきにいた時、肺炎に罹《かか》りました。目をつぶって寝ていると、両脇に女のカムイたちが私のベッドのわきにならんでいると感じました。目を開けると、いない。でも、夢じゃないんです。何か不思議なものに守られているようでした。だから、一人で寝ていても、全然寂しくありませんでした。

私にはそういうことが時々あって、「見えないけれども、この世には守るものがちゃんとある」と思っています。

よく夢を見ます。夢はすぐ忘れるけれど、夢の中で、一緒にいてくれるんだなあと感じる、さまざまな現象があります。

アイヌ語でシャーマンのことを「トゥス」と言います。村に一人か二人、トゥスをするおばあさんがいました。

霊感のするどい人

ある村の男の人が、山道を通って次の村に出かけようとしました。その話を聞いた目の見えないおばあさんから、「ここを上がって行って、先に行けばカーブがある。そのカーブのところに、大きな木が生えている。その大きな木のそばに、親子連れの熊がいるから、気をつけなさい」と言われました。ほんとだべかと思いながら歩いていくと、カーブがあって、大きな木が生えていました。そして、その木のそばに本当に子連れの熊がいたんです。予言というか、インスピレーションというか、感じる力ですね。親たちは、そのおばあさんを信じていました。母熊は、子熊を守るために気を張っているから、気をつけなさいと言われています。

隣の村に、私より十歳以上歳上の、これも目の見えないお兄さんがいました。お祭りでピーヒャラ、ピーヒャラと笛を吹いたり、活動的なお兄さんで、直感にすぐれた、霊感が働く人でもありました。冬のある日、村にぼたん雪が降っていました。ぼたん雪が降る時は、あたり一面静かなんです。百メートルぐらい先からそのお兄ちゃんが来るのが見えたので、私は止まって見ていました。五〇メートルくらいに近づいた時、「誰だ」と声をかけられました。「静江だ」と言うと「ああ、そうか、そうか」と、すぐに明るい声になりました。

私、みんなが言っているように、お兄さんに本当に霊感があるのかどうか、試してみたんです。本当にするどい感覚でした。

アイヌの女性たち

アイヌの女性の役割は、すごいんです。男の人たちは、山へ行って狩りをします。留守を守るのは女です。

お祭りの下ごしらえは、女しかできません。表舞台でカムイに向かうのは男ですから、一体となってお祭りをしていたということです。女性はとても敬われていたそうですが、和人の生活が入ってきてから、男尊女卑に変わってしまいました。

冬の間、アイヌの女たちは、家族のために、針を持って着物を刺繍するのが、生活習慣でした。

でも、アイヌの女性にそういう役割があったのは、教育がよかった時代の話です。明治・大正以後、今はもうめちゃくちゃです。私の母は六十歳で亡くなりましたが、当時の六十歳の女性は、今の八十歳ぐらいの感じでした。

静内方面から母の葬式に来たおばあさん方は、刺青をして、姿勢がしっかりしていて、見とれました。シャモにいじめられても、あのころの人は、みんな顔立ちが美しく、毅然と、自分というものを持っているようで、すてきでした。

刺青は、和人に禁止されました。イチャルパのことを教えてくれたおばあさんが、十七、八のころ、シヌエ(刺青)したくないのに捕まって、むりやりシヌエされたというんです。「シヌエをすると和人にいじめられるから、したくないのに」と言っていました。

「刺青をしていると、アイヌの女は和人にさらわれて乱暴されない」という理由もあったようです。樺太から引き揚げて来たおばあさんは、口のまわりではなくて、顔のどこかに刺青をしていました。刺青は、アイヌ女性の習慣でしたが、民族の印だったのかもしれません。

刺青は、鉄鍋の底の煤のようなものを粉にして、水で溶いて、針で刺したようです。最初は黒かったようですが、月日が経つとだんだん色が薄くなって、ジーパンのような色になっていましたね。

ニシパ夫人・カッケマツの大いなる力

村には「ニシパ」と呼ばれる長《おさ》がいました。今だったら村長さんでしょうか。アイヌには世襲というものがありませんので、村全体で「あの人をニシパにする」と選ぶんです。そのニシパの奥さんになる人を「カッケマッツ」と言って、賢くて優しくて、村の女たちを統率できる能力を持った人でした。カッケマツの「マツ」は奥さんのこと。「カッケ」は何か、私にはわかりません。

婦人会みたいなもので、あそこに病人がいるから、みんなでケアしようとか、あそこでこういう問題があるから、こうやって解決しようとか、カッケマツはそういう役割を指示するわけです。それがアイヌの村を守る、そういう世界でした。

こんな物語があります。ある村に真っ黒い男が長を訪ねて来ました。それを見たカッケマツは村の女たちを集めて、「お客さんが来た」と大騒ぎして、喜んだふりをしました。そして油断させて、真っ黒い男にお湯をぶっかけたところ、なんと真っ黒い男が熊に変身した。熊は、自分より強いニシパを倒しに来たというわけです。お湯をかけられて死んだ熊が、夢に現れて、「俺より強い人間を生かしておけなくて、ニシパを殺しに来たら、ここの奥さんが賢くて、正体を見破り、こういう目に遭って死んでしまった」と、お告げがありました。

この物語に、カッケマッの役割がよくあらわれています。村人みんなで集まって災いを回避するなど、カッケマッは本当に偉い人だと聞いていました。

萱野茂さんの奥さんも、カッケマッのような人でした。女学校に行ったわけでもないけれど、自分で勉強して、萱野さんと結婚された。私は、古いつきあいというわけではないけれど、彼女と出会ってから何度もお宅にお邪魔していますが、彼女の家にはたくさんの人が押し寄せるんです。そういう人をもてなしするのに、彼女は、じっと静かにしている人にも、ちゃんと気配りしているんです。食べ物とか飲み物を、「あの人にお渡ししなさい」と、丁寧に指示しているんです。それを見て、「ああ、母ちゃんの言っていたカッケマッというのは、これだ」と思いました。

普通の人は、慕われているからみんなが集まって来るんだと思いがちですが、彼女はいつも静かで、冷静です。舞い上がったりしません。カッケマツだなと思いました。

アイヌのていねいな暮らし

明治時代、ヨーロッパの女性が日本じゅうを歩いて書いた記録があって（イザベラ・バード『日本奥地紀行』）、東北の人たちは礼儀や作法がなっていなくて、家の中も汚かったけれど、アイヌの家は、外から見たら草でできて貧しいけれど、中はきれいに整理されていた、と書いてあるそうです。そして、アイヌの礼儀作法は優しかった、と。

でも、大正のころから、そういうていねいな礼儀作法も、崩れていったと思います。いつの間にか、そうなっていくんですね。和人も、ふつうは玄関の外で「ごめんください」と言って、「どなたですか」「なんとかです」「どうぞお入りください」と言われて、初めて中へはいるでしょう。ところが、和人はアイヌに対して、そういう礼儀で接しないんです。

和人の猟師がいきなり入ってきて、履いてきた下駄を入り口に脱ぎ捨てて、黙って上がって、「お茶を飲みに来た」と言うから、私は本当にびっくりしたことがありました。そういうのがそのままアイヌの世界に入ってきて、アイヌがその悪いまねをして、生活習慣が乱れていったようです。

和人の猟師や開拓民が大勢北海道に入って来て、和人の文化によって、アイヌの生活はめちゃくちゃになっていったと思います。

手仕事と春のキナチャウス（ゴザづくり）

アイヌは、手仕事をよくしました。木の内皮を水に浸けてふやかしてから、ぬるぬるを取って、細く裂いて、それが糸になっていくんです。その糸を手で撚《よ》って、ポシェットや背負い縄を作っていました。背負い縄は、文化財になるような編み方なんです。和人のように縄を粗末にしません。縄という便利なものを発見したときの思いが、アイヌには残っているんでしょう。今では芸術作品です。こういう縄を「タル」と言います。三つ編みみたいだったり、長いひもだったり、薪やいろいろな荷物を背負う時の背負い縄です。とても凝ったものでした。

春になると、「キナチャウス」に行きます。「キナ」は、ゴザ。「チャ」は草。「ウス」は繁茂しているということ。地所によって生える植物が違いますが、湿気の多い、海岸の近くの沼地に、草が、ちょうどいいぐらいに繁ってくると、キナチャウスに行くんです。「湿地の奥に行くと、底なし沼があって、そこに入ったら出て来られない。そのまま海に流される」なんて言われるから、怖かったです。

春の野には、「やちぼうず」というのが、ところどころにあります。木の株でもないし、草の根っこでもない、てるてるぼうずのように地面から盛り上がった草です。

村の人たちみんなで、お弁当を持って、キナチャウスに行きます。朝早く行って、草を採って、干します。乾いたころに束ねて、背負って村に帰って、キナをゴザに編みます。

子どものころ、親たちと一緒に、私も編んでいました。

母は忙しくて、ゴザを編んでいる暇がなかったので、ゴザを編めるおばあさんに頼んでいました。秋になるとキナがきれいなゴザになって帰って来ます。母はお礼として、おばあさんに、お米やお金を渡していました。

アイヌの家のようす

北海道じゅうを回って、アイヌなどについて調査して書いた人たちが残した記録を見ると、私が知っている、アイヌのおじいさん、おばあさんが住んでいたような家とそっくりの家が出てきます。

おじいさんやおばあさんの家は、広かったです。儀式があると何十人と集まるから、大きな家でした。広くて、家の中には仕切りがない。玄関の引き戸を開けると、中が全部見えるような感じです。

玄関を入ると、まず土間です。うちのように貧しい家は、土間だけの家もありました。幅一間ぐらいの土間に、流しがあって、薪をたくわえたり、畳一畳くらいの大きな囲炉裏があって、板戸の仕切りがあって、囲炉裏の東北の方向に、カムイ所《どころ》がありました。家にはイナウがたくさん飾ってありました。儀式に使う塗り物は、宝物でしたから、大事にされていました。

うちの部屋は板敷きで、敷き物は手編みのゴザです。囲炉裏のところで分かれて、子どもたちと、反対側に親夫婦。お客さんが来れば、あいているところに泊めていました。

家の前の川は、ライペッという名前でした。「ペッ」は川、「ライ」は死ぬという意味です。どうしてそんな名前だったのか……。山からの湧水で、とてもきれいでした。冬は温かくて、夏は冷たい。でも、今では、その川は名前のとおり死んでしまいました。

家族と助け合いの制度

昔、アイヌは、男が女の家に通う、通い婚だったようです。でもいつのころからか、夫婦が一緒に住むようになりました。親の時代は、結婚すると子どもは家を出て、自分の家を持ちました。

和人は、長男が家を継いで、長男の嫁さんを家に入れて、後を継いでもらうとか、親たちが老後の面倒を見てもらうとかするようですが、アイヌにはカッケマッがいて、歳をとったらお互いに助け合うという制度があったから、夫婦が別の家にいても、今みたいに介護で苦しむことなく、みんなでその人に合った介護をしていたようです。

アイヌは、地球が財産。家の財産はないし、要りません。長男も二男も、みんな役割を持っていました。狩りが上手な兄、解体が上手な皮剝ぎの弟と、それぞれが仕事を持っていて、差がなく、後継ぎについて考える必要も何もありません。

年をとったら、みんながその人に合う介護をしてもらえました。おかゆなどの食べやすい食べ物を作ってもらえました。

体の知恵を、みんながもっている

だれもが薬草を知っていて、草を煎じて、温めたり、何がどういう病気にいいというのがわかっています。婦人科の方が悪いと聞くと、大きなたらいにお湯を沸かして、煎じた草の液体を入れて、治るまで腰を何回も浸していました。歳を取ると、いろんな婦人科の方の悩みが出てくるでしょう。私が幼かった時でも、そういう治し方をしていました。

ある時、友だちが婦人科の方でおできができて痛いと言うから、「大根の葉っぱを少し乾かして、それを煎じてお風呂に入れて、浸かってなさい」と教えたら、治ったことがありました。大根葉のエネルギーが効いたみたいです。

がんになった人が、サルノコシカケを採って、毎日飲んで、がんを流してしまったとか。私は上京したばかりの若いころ、急性肺炎になって、糠《ぬか》と塩を一緒に炒った糠塩を布の袋に入れて、温めて、寝て治したことがありました。母から教わったことでしたけれど。お産するのも、病院ではなく、自分の家でした。これは和人もそうだったかもしれないけれど。精神病になった人のケアの知恵もありました。

女の役割は、本当にたくさんありました。男の人の争いごとも、お互いになだめ合って、争わないように持っていくというのも、女でした。今は、こんなことを言っても、誰も聞かないでしょう。そういう文化は、もうなくなったということです。

思いをとどけた猫のお話

アイヌのおばあさんはいつも、囲炉裏のそばで火を見ながら、孫たちに昔々のアイヌの生活を話して聞かせたり、物語を話して聞かせたものです。子どもたちに、「ばあちゃん、もっと話して」とせがまれると、ばあちゃんはいろんな物語を思い出して、子どもたちに話していました。

その物語を一つ。ある村のおじさんが、隣の村に行って、いつものように山道を帰って来ると、急に辺りが暗くなって、先が見えなくなりました。困っていると、少し脇の方に明かりが見えたので、その家に行って「こんばんは」と声をかけたら、中から男の人が出てきました。「いつも通いなれている道なのに、今日に限って真っ暗闇で、先が見えなくなって帰れなくなったから、今晩一晩、泊めてもらえねえべか」と聞いてみました。

男の人は「さあ、どうぞ。入って、泊まっていきなさい」と言ってくれ、料理を作って、もてなしてくれました。「さあ、食べてください」と料理を出されたのはいいけれど、食べ物を直接炉縁の上に置いたので、おじさんはびっくりして、「なんで、ここに置くのですか」と聞いてみました。

すると、「実は私は、昔、あんたのところで飼われていた猫なんです。あなた方夫婦にかわいがっていただいたけれど、食べ物はいつも炉縁に置かれて、スープも飲みたかったけれど飲めなくて、残念な思いをしてたんです。何かいれものに入れてくれればいいのに、と思い続けていました。その思いをずっと届けたいなと思っていたものだから、今日は道を暗くして、あんたをここに呼び寄せたんだよ」と。

おじさんは、「ああ、そうか。そういえば猫を飼っていて、その猫に餌をやるときは、いつも炉縁の上に置いていたな」と思い出した。「そうだったか。いや、悪いことをした。許してください」と言って、次の日の朝、村へ帰っていきました。

村に帰ると、村人を集めて、「昨日、こういう体験をしました。だから、これからはかわいがっている動物には、ちゃんと食べ物をいれものに入れて、与えることですよ」と話しました。村人たちみんなが反省して、「そのとおりだなあ。自分たちはスープを飲んでおいしい思いをしているのに、動物だからといって、そういう扱いをしたらいけない」と、改めたそうです。——というような昔話を、おばあさんは語ったもんだ。

オオカミの恩返しのお話

もう一つ、これは実話で、雪深い冬の話です。山の中で暮らしていたおじいさんとおばあさんが、雪が積もって、村に助けを求めに行くことができなくなりました。村から助けに行くこともできないほど、雪が積もってきました。

食べ物はだんだんなくなるし、おじいさんとおばあさんが困っていると、戸の外で何やら音がします。戸を開けてみたら、肉の塊がごっそり置いてありました。「食べ物がなくなった時に、こんなありがたいものを授かって、イヤイライケレ、イヤイライケレ（ありがとう）」と言っていただいたんだけれど、それはなんと、オオカミからの贈り物だったというお話なんです。

オオカミは賢い動物で、いつも人間のやることを見て、知っています。人間は狩りに行って獲物を獲ると、持ち帰る時に必ずその辺にいる動物のために、肉の塊や骨を、木の枝に置いて帰るんです。それを見ていたオオカミが人間に恩返ししたと、そういうお話でした。

おばあさんは、生きものと人間との関わりや、情愛を、子どもたちに話して聞かせていたんだなと思います。昔のおばあさんは、そうやって子どもたちを教育していたんです。「こんなことをしたら、こうなるんだよ。こうだったから、こうなったんだよ。だから気をつけるんだよ」と、丁寧に語っていたもんだと、聞いていました。囲炉裏の火のそばで、アペフチカムイ（火の神さま）のそばで、おばあさんは子どもたちに接していたんだな、ということを、私は感じていました。

山に行く時、熊の悪口は禁物

親たちからよく聞いたのは、「山に行く前、火の神さまのそばで熊の悪口を言ってはだめだよ」ということです。

なぜなら、火の神さまと熊のカムイはとても仲がよくて、山に行く前に火のそばで熊の悪口を言うと、おしゃべりな火の神さまがすぐ熊の神さまに告げ口します。

「おまえの悪口を言っている子どもらが山へ行くよ」と。「悪口を言われた熊は怒って、子どもでもなんでも襲うんだから、気をつけなさい」とよく言われたものです。

これは、自然と生きるということの恐ろしい面を、子どもたちに諭したものだと思っています。

和人と昼ご飯を分け合う

今でこそ食べ物は豊富にありますが、昔、戦争中やその後は、食べ物のない時代でした。昼どき、和人の旅人が「昼ご飯、食わしてくんないべか」とやって来ることがあります。アイヌには、食べさせないということはないわけで、その旅人を中に入れて、自分たちの貧しい食事の中から、「分け合って食うべ」と、一緒に食べたりするんです。

「立派なシャモの農家があるのに、どうしてそこに行ってご馳走にならないんだ」と旅人に聞くと、「あそこに行ったら、ここに行け、と言われたから来たんだ」って、そう言って、食べていきました。そういうことが何回もあったんです。

アイヌは、身内だけじゃなくて、誰であっても、困っている人を助けることができる民族だと思います。金持ちの和人は、自分の家にごまんと米が積んであって、アイヌの家には食べものがあんまりないのを知っていても、アイヌの風習を見ていたから、アイヌのところに行けば食わせてくれるのを知っていたんですね。

いい人とか悪い人とか言う前に、アイヌ民族の精神性は、そういうものなんだということです。旅人も、昼ご飯を食べさせてくれなんて言うのは、恥ずかしかったと思う。でも父が「上がれ、上がれ」と言って家に上げて、ご飯を食べさせてあげたことを思い出します。これがアイヌの姿かなと思います。

カラスは「知らせてくれるカムイ」

昔は、乗り物がなかったので、山道を歩いて、隣の村まで行きました。そういう時、カラスがずっとついて来てくれます。道に迷った時でも、カラスが上から見ていて、連れて行ってくれることがあるんです。カラスと私は、何かつながりがあるのかなと思ったりしていました。

昔の人は、山に狩りをしに行きます。山に慣れている人でも、道に迷うことがあります。そういう時、カラスが道案内して、村裾まで連れて来てくれるんだそうです。カラスのおかげで遭難しないで帰って来られたとか、自然はそういう営みを持っているんだと、いつも聞かされて育ったものです。

カラスは、朝、うちの屋根の上に来て、「あちらの方で何か不幸があるから、その知らせをするよ」「今日はいい話をもってくる人が来るよ」などと話してくれることがあるんです。

うちを訪ねて来る人に向かって、カラスが鳴いて教えてくれるんです。そのカラスの向きと鳴き声を聞いて、今日訪ねてくる人のことを占うという、そんなこともありました。カラスは「パシクルカムイ」と言って、知らせてくれるカムイです。悪いことがあれば、悪いことがあるよと教えてくれるし、遭難している人がいると、その方向に向かって鳴き声で教えてくれます。それを人間が察知して、「なんかあったべかな」と行くと、そのとおりだということがありました。随分カラスに助けられてるんです。カラスは賢いです。

森の中のいろんな木のカムイ、草木のカムイ、踏んづけている土地にも、ちゃんとカムイがいるから、粗末にしてはいけない、と言われて育ちました。だから、草が生えているこの土地を、アイヌはありがたいと思っています。森と自然は、本当にお母さんのようなものです。

この私にも、子どもの時代がありました。近所の子どもどうしで、森に薪をとりに行きました。森に行って解放された気持ちで、夕方まで遊びほうけて、夕方になってやっと薪を拾って、みんなで家に帰ったものでした。

生活とこの自然は切り離せないということを、子ども時から感じていました。自然は育ての親だと思います。ありがたいと思っています。

自分で選ぶこと、勉強すること

私は、自分の子どもにアイヌの教育をしたことはありません。「お母さんがこうだから、アイヌ文化は大切だよ」と、一言も言っていません。それは、彼らが選択することだと思っています。私の結婚相手は和人ですから、その人を無視して、アイヌになれとは、私は言えないのです。自分はアイヌのことをやっているけれど、子どもには言えない。

自分のきょうだいの子どもたちで、姿を消している子もいます。私の旧姓は「浦川」ですから、アイヌだと思われるのが嫌だという感じでしょう。

一人だけ、私のやっていることをなんとか認めてくれる親戚がいました。へっぴり腰ながら私に近づいてはくれます。でも、恐れている者に、アイヌのことをやれとは言えません。

為政者がやることとは、白老の「ウポポイ」のような、みんなで歌ったり踊ったりのまねごと。アイヌの子どもたちをお祭りに集中させて、「文化だよ」と、聞こえはいいです。でも実は「人権や自治なんか関係ないよ」ということなんです。狩猟や土地の問題を消すための作戦です。

こういう作戦を、和人と混血していくアイヌの子どもたちがどう受け止めるのか。アイヌにもなれるし、知らんぷりしていれば和人にもなっていける。選択は自由です。混血の自分をどうするか、自分で社会科学なり宗教なりを勉強して、自分のよりどころは何なのかを、選択してほしいと思います。

このおばあさんは一生懸命、大地、大地と言っていますが、みなさんの心のよりどころは、どちらになさいますか。心のよりどころが大切ですよ。

アイヌ民族を勉強すればするほど、深みがあって、どこまでも追求できるし、いつか到達できると思います。これはすごいことだと思いますが、押しつけることはできません。もし興味があったら、対話しましょう。そして、お互いに押しつけ合うのではなく、自分で選択しませんか。

これが、若い人たちに訴えたいことです。「あなた自身が、あなたを語らないと、何も出てきませんよ」ということを、申し上げたいのです。

アイヌの精神エネルギーを出しなさい

アイヌは、人として使うべきエネルギーを失っています。そういう力を削がれてきている人々だと思います。なぜなら、自分たちがやるべきことを見失っているからです。

今では、お金がなければ暮らせないし、人の言うとおりにしか動けなくなっている。後藤新平先生の言う「自治」を持てなくなっています。自分というものを持てなくなっている。

今、エネルギーを失って、何かに頼ろうとするアイヌは、新興宗教に走ったり、政党に属したりしています。それしかないんです。自分の持つべきエネルギーが見えなくなっています。

その見えなくなったものは何か、ということを考えてほしいと思います。自分たちの背骨の中に、DNAの中に、何が組み込まれているかということを、考えてほしい。見えなくなったものを探しましょう。そして自らの活力を見い出さなければ、民族としてのアイデンティティが出てきません。

そのためには、どうしたらいいのか。アイヌもこぼれた仕事を拾って、ほそぼそ仕事をしていますが、狩猟や漁労といった、アイヌ本来の仕事があるんです。漁業権、狩猟権、採集権がほしい。土地だってあるはずです。自然に目を転じてください。山も川も荒れ放題です。私たちアイヌが何とかしなくては。こういうことに自分の意識を向けることで、自分の中の民族性を取り戻せるということを、考えてほしいのです。

サケを獲ってさばくと、体にいい内臓や白子の中に、サケのエネルギーがあるのです。私たちはそれを、カムイとしていただけるんです。みんなで分け合って、喜び合わないと、本当のアイヌの精神性は発揮できません。

発揮するべきものを持っていながら、見えないまま埋没していていいんですか。アイヌは、それだけのエネルギーを持っています。それを忘れないでほしい、エネルギーを出し合いましょうと言いたいのです。

自治を持ち、村全体で分け合って生きる。あのアイヌは嫌、このアイヌは嫌と言っていてはだめだ。みんなで意思を一つにしないと、やっていけません。

押す者のエネルギーがすごいことを知っているでしょう。アイヌは押されっぱなしじゃないですか。応戦して、ばねにして、自分たちの力で生きるために、アイヌが結束しないと、本当にアイヌ文化はなくなってしまいますよ。それでいいんですか。

自然はいのち

十代後半の娘時代、山に行って、木を植えたことがあります。そのころ、木はまだまだ細くて、鬱蒼とした森というわけではありませんでした。今、おばあさんになって来てみたら、木が太く育っていて、ほっとしています。木のカムイも、自然にのびのびと生きている、育っていることが、よくわかります。森の周りは熊笹が鬱蒼としていて、山の自然が守られているんだなと思います。今、多くのところで自然が破壊され、大きな木が切り倒され、そのために大雨が降ると洪水になって、里の家が流されたり、畑が流されたりしています。山を大事にすること、山に大きな木が育たないと、自然が破壊されてしまうことを、肝に銘じてほしいです。

この自然豊かな場所にいられることを、本当にうれしく思います。

自然は、生命《いのち》です。我々生きものの生命を壊したり、変な毒をまいたり、傷めたりしないでほしい、というのがアイヌの願いです。「アイヌ」は人間という意味ですが、自然を大事にすることは、心ある人間みんなの思いだと思います。みんなともに生きていればこそ、この地球は成り立っているので、一つでも欠けてしまうと、それだけ悪いほうに変化してしまうでしょう。

山や森は、私たちを守ってくださるカムイだと思っています。山にはたくさんの食べ物があって、春になると木の実が出て、それを生きものたちがいただいて、少したつとその木の実が熟れて、人間たちもいただけるようになります。

子どものころは、木の実が熟れるころに山に行って、木に登ってターザンみたいに遊んだり、ブドウ蔓《つる》に乗っかって遊んだもんです。お腹がすくと、山ブドウやコクワやゾウミという赤い実を食べて、お腹を満たしながら、夕方までわいわいと遊んだものです。

一番の思い出は、自然が養ってくれたんだということです。山の思い出は温かい。今、森の中にいると、本当に温かい。大切なカムイのところにいるんだなと感じます。

Ⅱ

アイヌ同胞《ウタリ》と共に、アイヌ力《ぢから》を

第一章　アイヌ力を訴える

［宇梶静江スピーチ集］

「天を父とし、大地を母として」

［二〇一七年、北海道大学］

生きもののいのちをいただいて

ようこそ、遠い道のりを越えて、おいでいただきました。ありがとうございます。世が世なら、世界の先住民族のみなさんを歓迎するに当たって、アイヌ式に広場でかがり火を焚き、大きな火を燃やし、〝火のおばあさん神さま（アペフチカムイ）〟のお力をこうこうと燃やして、アイヌの血液を天につなげられればいいと思うのです。

その火の前に、アイヌがいただいてきた海の幸、山の幸、野の幸をお供えして、そしてみなさんとともに、神さまに感謝し、森羅万象に感謝してお祈りすることができればよいのですが。いつの日か、そういうことができるようにと祈っております。

今お供えしたいと申し上げた食べ物、例えば海からいただくサケは、アイヌが「カムイの食べ物」とたたえて、感謝していただいたものです。海の幸――海藻や魚介類、山の幸――鹿さん、熊さんのお肉をいただき、たくさんの生きものの命をいただいて、ともに生きるというのが、アイヌの考え方です。いただいた生きものたちはみな、神さまのもとに還っていくのです。そう考えて、アイヌたちは感謝して、大切に食べ、生きることを大切にし、ほかの動物たちも共に生きている生きものだとして、それぞれの役割を生きてきたと、聞いております。

今、みなさんとこうしてお会いした感謝の中で、アイヌの思いを聞いていただければ、ありがたいと思います。

自然の恵みをいただく仕事のおかげで、私たちアイヌは一万年以上のあいだ、戦争をしなかったと言われています。戦争をせずに、大地を母、天を父、森羅万象を友として、大切に生きてまいりました。

ところが私たちは、自分たちがやってきたこと――自然の恵みをいただく行為、狩猟、漁撈などを「仕事」として捉えることができない時代を、百年以上、耐えなければなりませんでした。そのために、日々の仕事の中にあった海の幸、山の幸、生きるためにいただいていたたくさんの食べ物を、今、失ってしまっています。

それらを失った私たちは、これから先祖が下さった仕事をぜひ復元して、神に感謝しながら、自活し、自立して生きていきたいと願っております。そのために私たちは、為政者に対して、この縛ってきた縄をほどけ、という思いで、いま一生懸命活動しております。どうかみなさん、ご理解ください。ともに助け合って、私たちの昔ながらの仕事が解放され、仕事を持てるようにお助けください。

みなさんの方にも、いろいろな課題があるでしょう。私たちもみなさんを応援することを、誓います。どうか私の願いが天に届き、私たちの仕事につながるようにと願っています。

Shizue

アイヌとして生きる

格差や差別というものは、卑しくて、忌まわしいものです。その卑しくて忌まわしいものが、この国の政治を取り仕切っております。こういうことは、絶対にいいことではないと思います。アイヌがそう思うだけではなくて、良心のあるみなさんも、そう思われると思います。

私たちは長い間かかって育んできた文化を失い、同胞を失いました。かろうじて今、私たちに残されたものは、「私たちは先祖に向かって、今、生きて、がんばっていますよ。がんばって、みなさんの残した大切な足跡をたどっていきますよ。どうか見守ってくださ い」と祈ることですが、その祈りさえも、忘れさせられたのです。祈ることを忘れさせられたというのは、どんなに悲しいことでしょう。祈ることを忘れては、生きていく意味はありません。

なぜなら、地球というお母さんは、私たちを大切に育ててくれました。育ててくれた御恩を返すことは、言葉で「ありがとう」「感謝しています」「大切に生きます」と、祈ることだからです。

私たちの顔かたちや多毛などの体質は、神が私たちの民族につくってくれた形です。それを変えていいわけがありません、誇れないわけがありません。自分の顔かたちを変えよう、体毛を薄めよう、そんな間違った考えのアイヌを、どんどんつくってしまいました。私自身もそうでした。私たちは、間違った道を歩くことを強いられたのです。でも、間違った道を歩かされていたことに、気づかないわけにはいきません。これは、いまだに続いています。私は今、そのことで悩んでいます。これほど複雑な世の中で、それでも健全に生きていくことを、私たちの子どもたちに、何と言って、わかってもらえることができるでしょうか。

私たち大人は、子どもたちにしっかりと話さなければいけません。そして、その子たちが、自分の生き方をどのように選んでいくか。アイヌとして生きるのか、和人の方に行くのか。それは本人が決めなければなりません。

子どもたちが自分で考え、しっかりとアイヌの問題をとらえなければ、このアイヌ問題は衰退していくばかりです。衰退していっていいわけがありません。せっかくアイヌとしてこの世に生まれ、アイヌとしての営みを持ってきたのです。私は、そのことを大切にしていきたいと思っております。

かつて目を輝かし、血をたぎらせて生きたアイヌの男には、狩猟や漁猟の力、エネルギーを返してください。そして女たちには、女の役割を返してください。女たちは男と支え合って、子どもたちを大切に育ててきました。

アイヌは、世界平和を唱《とな》え、隣の人たちと仲よくし、世界の人たちと仲よくし、そして食べ物をお互いに分け合って、生きていきたいと思っています。

そのために、この国に訴えます。私たちの仕事を返してほしい。男たちに狩猟、漁労の仕事を返してほしい、女たちに役割を返してほしい、そのように願っております。

世界の兄弟姉妹のみなさん、聞いてくれて本当にありがとう。

アイヌの精神性を高め合うために

今、ここに野ブドウがあります。野ブドウは、薬草です。内臓をケアしてくれる野ブドウは、お茶にしていただきます。二風谷の友だちに、薬草についてとても詳しい方がいます。その方に聞いて、できるだけアイヌの伝統、知恵や知識を掘り起こして、アイヌが自然から学んだことを文字に書いて、後世に財産として残していきたいと思っています。自分だけでなく、周りの人も、後世の人たちも、幸せになろうよ、という思いでいます。

アイヌの先祖は、自然のものを研究して、生きてきました。昔、熊は毒矢で仕留めました。毒といっても、しびれ薬だそうです。「熊は一時的にしびれて倒れるけれど、うかつに手を出すと、生きかえる。油断したらいけない」と言われていました。とことん殺したり、苦しめたり、追い込まない、というアイヌの精神性があるからです。「人は何かいろいろあっても、追いつめすぎると効果がない」と、親たちはよく話していたものです。

私たちは、植物や、川に上がってくるサケ、海の生きもの、山のたくさんの生きものたちに、お世話になって生きてきました。毎日食べて健康にいいものは、サケだと言われています。「頭の先から尾っぽまで、捨てるところがない。調理して全部食べられる魚なんだ」と教えられました。

萱野茂先生は、よく言っていました。サケは「カムイシッペ、神さまの魚」と名前が付いています。ただ「シッペ」とも言いますが、「シ」は最高、「ペ」は食べものです。

でも、そのシッペを獲ることを、明治時代に禁止されました。サケはおろか、熊も獲ってはいけない、アイヌ語を使ってはいけない、禁止がいっぱいできました。文字のないアイヌにいきなり文字を見せて、これに使え、和人語をしゃべれと強制されました。さまざまなアイヌの生活文化を全部取り上げられた上、和人の文化を強制されました。ますます息苦しい時代になっていきました。

その時代のことを書いた文献などを読んで勉強し、どうしてアイヌはこんな時代を経なければならなかったのかをお互いに理解し合って、アイヌ文化を大切に思う人たちどうしを、繋げていきたいと思います。もっと古い時代のことも、勉強しなければなりません。

これは、一部の人が望んでできることではないでしょう。先祖のアイヌ、内地に行ったアイヌ、外国に行ったアイヌ、そして北海道で生き続けるアイヌたちが、みんなで心を合わせなければなりません。アイヌだけではなく、仲よしの和人、共感してくれる和人もいます。世界じゅうに先住民のみなさんがいます。その人たちとお互いに理解し合って、大切な文化に貢献し合いながら生きていきたいというのが、この老い先短いおばあさんの遺言です。

（二〇一七年十二月三日　於・北海道大学）

「大地が私たちに、生きるよすがを教えてくれた」［二〇二〇年、後藤新平賞授賞式］

イランカラプテ（こんにちは）。今日は遠くから、近くから、みなさんにおいでいただいて、とても感謝しております。応援に来てくださった方々、私を支え、助けてくださった方々、ご興味のある方々、ありがとう。きょうだい、娘、息子、甥、姪、みんなが、このおばあさんを支えて、ここまで連れてきてくれました。

本当にすばらしい賞を、みなさんと一緒にいただいたという気持ちです。今まで行事をやっても、なかなかアイヌ同胞が来てくれませんでした。ところが今、ここにアイヌの同胞がたくさん見えています。喜びましょう。よく来てくれました。今は一つになって、私たちの失ったものを輝かせよう、という思いでおります

ここにおいでになれなかった方々も、みんな心をこちらにくれているんです。その人方にもお礼申したいと思います。一緒に、みんなでこの賞をいただいたと思って、カムイに感謝しております。本当にありがたいことでございます。さらにこのようなすばらしいス

テンドグラスまでいただきまして、これはアイヌ民族の宝といたしたいと思います。

後藤新平さんというお偉い方の賞をいただいたことを機に、私は今、みなさんのお時間をいただいて、自分がなぜここまできたか、話させていただきたいと思います。

後藤新平先生の研究をされている先生がたによって、私は賞をいただいたんですが、その先生がたは後藤先生のことをいっぱいお話しできますけれども、私はできないので、アイヌのことを話させていただきます。

アイヌがたどってきた悲しい道

私は、八十七歳まで生かしていただきました。私が子どもの時、知識ある人たち、為政者の人たちがこう言いました。「アイヌは滅びゆく民族なんだよ。滅びゆく民族なんだから、今のうちにいろいろと残しておかなければいけない」。その言葉に続いておっしゃるのが、「すばらしい民族だ」です。その先は何だかわからない。何だかわからないのに、私たちは相変わらず差別され、困窮の生活をしてきました。

明治時代に旧土人保護法が作られましたが、これは土人滅亡法ではなかったかと、私は考えています。一五〇年前からアイヌたちは日本政府に、「サケを獲《と》ってはいけない」「熊を獲ってはいけない」「アイヌ言葉は使ってはいけない」と言われ続け、先祖のルーツを知らされず、差別だけをされてきました。私たちは自分自身を尊重したり、自分を認めたり、誇りを持ったり、同胞を認め合ったりすることができませんでした。

そのような苦しみの中で、文字を持った和人の人方がたくさん記録を残してくれていることがわかってきました。私も最近になって気づいたことです。消えたアイヌの語りを、和人の方々が残してくれていた。そこには、アイヌ民族がたどらざるを得なかった歩みが書かれていました。

私は文字を学び、アイヌとしての生き方を追求することで、アイヌがずっと長い間置かれてきた大変な状況に気づきました。こうした歴史を、アイヌの末裔に残しておかなければなりません。

和人は文字で歴史を残していましたが、私たちアイヌは「ユカラ」という語りで、毎日のように、「こういうことがあった、ああいうことがあった」と説明され、それを聞き、それが教育でした。

左のステンドグラス作品は、後藤新平賞副賞
「カムイの大地」（岸哲也 制作　内田純一 建築・意匠家）

その説明が全くなくなり、外に出れば差別ばかりがあったのです。アイヌは猜疑心を持たない民族だったのに、いつの間にか人を疑うようになりました。そういう悲しい道をたどらなければならなかったのはなぜなのかを、残したいと思います。

美しい水が育むアイヌの暮らし

私は、四歳ごろから、村を離れる二十歳ごろまで、温かいカムイの水によって助けられてきました。でも、その川が死んでしまったことを、みなさんに聞いていただきたいのです。

私のいた村のそばを流れていた川、ライペッツは、湧水《ゆうすい》で、山から下りてくる美しい清水の流れる川でした。「ライ」は死ぬ、「ペッツ」は川、「ライペッツ」とは、死んだ川という意味です。私たち毎日、「ワッカウシカムイ（水の神さま）、イヤイライケレ（ありがとう）」「火の神さま、ありがとう」「風の神さま、ありがとう」と感謝して生きてまいりました。

川に沿ってたくさんの植物が生えていて、その中には、私たちの体を助けてくれる植物がたくさんありました。白い花の敷物を敷いたようなプクサキナ（ニリンソウ）が咲いていました。アイヌ語で「プクサ」は草、「キナ」は敷物です。山の麓《ふもと》に行くと、清水の中にヤチブキ（キンカソウの仲間）が生えていて、それを採ってきて、おみおつけに入れたり、お浸しにしたり、たくさんの植物のお世話になって、アイヌは生きてまいりました。植物によって助けられた私たちです。

春になると、川には三〇センチ以上のウグイが、赤い腹で上がってきます。ざるでもすくえたほど上がってきました。

でも、戦後、私が二十歳になって村を出たころから、アメリカから農薬が入ってきて、農薬を使うと作物が増産されて豊かになる、と田んぼにも畑にも農薬がまかれるようになりました。水路にはコンクリートの加工がされ、私たちの川には水が途絶えて、文字どおり死の川となってしまいました。この川によって生きてまいりましたから、この川の滅亡を見て、私は泣かずにはいられません。

川を上がってくるウグイ、野に咲く草花、山のキノコ……そういうものに、私たちは助けられてきました。すべて、生きるための食べ物です。でも農薬によって汚され、全然採集できなくなりました。川は死の川になるし、野の草は食べられない。これはまさに、アイヌが滅亡へと追われたことだと、訴えなくてはなりません。

大地こそ、カムイ

私はアイヌの子どもたちに、こういう話をしたいと思います。原点を知らなければ、自分に自信を持つことができません。何かというと顔の特徴とか、毛深いとか、ひどいことを言われてきています。自分では解決できないことを差別の対象にされ、動くことができない、どこにも訴えることができないような生き方を、なぜしなければならなかったのか。

我々は滅亡させられ、泣いていなければならないのか。そうではありません。わずかに残った民族であっても、末裔であっても、神々が私たちに生きるよすがを教えてくれます。神々というのは、大自然です。大自然のカムイとお話ししながら、どうすれば私たちが人間らしく、自分を大切にして、人様も大切にして生きられるかということを、この大地が教えてくれるのです。大地こそ、私たちのカムイだということを、子どもたちに伝え残していきたいのです。

親たちは二言目には、「カムイのおかげ」「天のカムイ、地のカムイ、ワッカウシカムイ

（水のカムイ）、アペフチカムイ（火のカムイ）、レラカムイ（風のカムイ）」と、カムイに感謝していました。感謝の心を忘れた人々が、殺伐として人を疑ったり、傷つけたりするのです。

明治以来の為政者から、見ないふりをされ、住んでいた大切な土地からまるで虫けらを移動させるように、人の住まないところに移動させられ、アイヌが死んでも知らん、どうだっていい、そんなふうに粗末にされてきました。

しかし、私たちアイヌは決して人様を粗末に扱ったり、自分をいじめた人たちをいじめ返したことはありません。それは、感謝して生きること、人を敬わなければいけないという、私たちの先祖が教えてくれた精神性があるからなのです。

私の本を、同胞が読んでくれた

藤原書店さんにご縁をいただいて、文章が書けない私を、編集者の先生方がずっとご指導くださいました。何年も何年もかかりましたが、『大地よ！』という本を書かせていただきました。

今までアイヌがアイヌのことを書いても、アイヌは読んでくれなかったんです。これはとても悲しいことでした。私の中にもそういうものがあると思います。それは、どうせアイヌに学歴はないし、生活する能力はないし、どうせ、どうせというものがずっと続いてきたからだと思います。そのように植え付けられたところに、どっぷり自分たちがはまって、同胞を認め合うとか、愛し合うことができないようにされてしまいました。「された」という言い方は、僻《ひが》みみたいですけれども、そうなんです。

藤原書店さんなら、アイヌのことをちゃんと残してくれるのではないか、なんとか遺言を残したいと思って、なかなか整理できなくて、何も書けないままいたけれども、しつこくがんばって、四年ぐらいかかりましたが、受け止めていただき、こんなに立派な本にしていただきました。

そして、この本を、アイヌが読むようになってくれました。本を一冊も買わなかった、買えなかったアイヌが、すぐに十冊、とってくれました。すごくうれしい、どころではありません、ああ、カムイに通じたんだと思いました。一人のアイヌに通じることは、カムイに通じること、私はそう思っています。アイヌのカムイたち、先祖たちがどんなに喜んでいるかと思うのです。

私は子どもが好きで、兄や姉の子どもをかわいがっていました。でも、私がアイヌ問題をやり始めると、私の周りから、さあっといなくなってしまったんです。寂しいものでした。「おばちゃん、おばちゃん」となついていた甥や姪が、触《ふ》れてくれないんです。それが今日、そのかわいい甥や姪、子どもたちが、来てくれているんです。毎日私になんだかんだ言いながらも、「お母さん、お母さん」と面倒を見てくれる優しい娘も、ここにいます。

とにかくみんなに、この壇上からお礼を言いたいと思います。

同胞でありながらお互いに近づけないほど、差別や格差がひどいものだということを、どうか知っていただきたいと思います。差別ほど、人を疑うことほど、文化を壊して、信じ合うことのできない社会にしていくものはないと、私は子どものころからおばあさんになるまで、感じてきたのです。

後藤新平先生は、「一に人、二に人、三に人」と、人様が大事だということをお話しになられていました。その通りです。人なんです。人が心豊かでなければ、この地上は豊かになりません。人が大地を粗末にしたり、相手を粗末にすると、幸せな平和は来ません。

そういうことを、新平先生は教えていると思います。

私は本を読めば読むほど、しどろもどろになりますが、勉強なさっているお偉い先生方のご本を読んだり、講演を聞かれたりして、ともに新平先生のお考えを平和のようすがとして、称えて生きていくことができればいいなと思います。

私のまとまらない話をいつまでもするのではなくて、会場のみなさんはどう思われるか、ぜひ発言して下さい。

会場からの声

——宇梶さん、おめでとうございます。北海道の白老に「ウポポイ」という民族共生施設が今日オープンしたと、東京の新聞にも出ています。「ウポポイ」というのは、とても大きく、いろんな役割のある施設のようですが、宇梶さんは、「ウポポイ」についてどう思われますか。

はい、難しいことですね。最初は、「ウポポイ」に使うお金があったら、もっとアイヌの一般的な育成にかけてほしい、と思って、反対をしていました。ところが、知らないうちに、いつのまにかうちの息子が施設のアンバサダーになっていたんです（笑）。「お母さんは反対してたんだけど」と言ったら、「そうなの、知らなかった」という返事でした。

札幌大学の本田優子教授のもとで、アイヌの子弟たちが勉強しています。大学に講演に呼ばれて、行ってきたのですが、アイヌの子どもたちが大学で生き生きと自分の文化を勉強しているんです。いや、すごいと思いました。自分たちの伝統を学んで、歌ったり、踊ったり、いろいろなことをすることで、アイヌ民族の一番大事なことを勉強しています。その子たちがこう言うんです。『ウポポイ』に行って働きたい」、「アイヌ文化を奨励したい」、「自分たちがアイヌ文化を守りたい」って。そういう声をたくさん聞いて、「うわあ、本田先生、やってくれたな」と私は思いました。

質問の「ウポポイ」ですが、反対していたけれど、できてしまったら、育てなければいけないと思っています。そのためには、力のある先生方や為政者の方々が、差別を除去して、いい社会にすることです。今日は本田先生のほかにも、北海道の偉い先生方においでいただきました。いい社会をつくるための先生方になってもらいたい、そう思っています。

私のように平仮名しか書けなかった人間でも、ご指導をいただいて、こういう立派な本を出していただきました。アイヌの子どもたちも、ぜひ、自分の力になって民族のためにもなる和人のお友だちや外国のお友だちと、平和に暮らしていくための勉強をしてくださ い。そしてアイヌの知恵をあつめて、たくさんの先住民族と交流し合って、「今はやっている、いやな、コロナウイルスが収まるように、カムイノミしてください」と言いたいと思います。

アイヌが自然の中でしてきた仕事を返してください

アイヌが何に苦労して、学校に行けずに貧乏なのかというと、国が仕事を奪ってしまったからです。アイヌは仕事したいんです。自分たちがずっとやってきたやりたい仕事、それは狩猟、漁労、採集、それから土地の土質調査など。ここの土地はこういう土質だから、こういう植物が生えている、ここの山はこういう山だから、こういう木が生えると、アイヌはなんでも知っています。

そこに私の弟の治造がいます。学力がなくて自分の名前も書けませんが、土質のことはちゃんと知っています。それは、先祖がアイヌの遺伝子の中に、ちゃんと生きていけるように組み込んでくれているからです。字が書けなくても、立派に八十を超えるまで生きて

左は弟の浦川治造。治造氏が右手に持つのがイナウ

いるのは、すごいことだと思います。

サケを獲ったら密漁だと言われて、警察に引っ張られた北見の人がいます。サケが帰ってこられない川にしたのは、サケを根こそぎにしたのは、和人ではないですか。私たちは決して根こそぎにしません。ちゃんとカムイノミをして、自分たちがいただくだけのサケをいただいています。なぜそれが密漁になるのですか。

私たちはそこに行って、カムイにお祈りをしました。「私たちの仕事をお返しください」と拝んでいます。どうか心ある、力ある先生や為政者の方々、私たちに仕事を返してください。

アイヌは、決して、自分一人だけで食べる民族ではありません。貧乏であっても、分け合うということを忘れません。自分の分を分けて人に配る、そういう性質を持った民族です。どうかそれを信じて、私たちに川を一本戻してください。山に木を大きく育てるのに適した仕事を、私たちはできます。どうか、働くためのお力をください。ここからお願いいたします。

私たちは仕事を失ったけれど、同胞と一緒にまぜ合って、カムイにお話しして、自分たちの仕事をまた再現するんだと、そういう気持ちでやっていきたいと思います。

弟も、サケを獲りたくて、うずうずしているんです。サケを獲ったら、身から内臓から白子まで食べます。白子を食べて、このおばあさんは若返ったんです。もう婚活できるくらいです（笑）。

アイヌの食べ物で、むだになるものは、一つもありません。食べものを大切に生かしながら生きているのが、アイヌ民族なのです。


（二〇二〇年七月十二日　於・アルカディア市ヶ谷（東京））

第二章　アイヌ同胞を励まし、アイヌ力を戴いて
［同胞との対話］

一　アイヌの女性たちへ
［萱野れい子さん、上武やす子さんとの座談］

萱野れい子　幼少時から、口承文芸、伝統儀礼、食、踊り、女性の手仕事など、アイヌの生活習慣に触れる。昭和三〇年頃から夫・萱野茂とともに、失われつつあった沙流川流域のアイヌ文化を遺すため、エカシやフチからの聞き取り、民具の収集を行う。昭和四七年、「二風谷アイヌ文化資料館」開館。

平成二二年度アイヌ文化賞受賞。沙流郡平取町在住。

上武やす子　登別市出身。アイヌ刺繡による着物や装身具のほか、ござ織りなど、民具製作の伝承に尽力。知里真志保を語る会会長などをつとめた。北海道アイヌ民芸品コンクール優秀賞、伝統文化ポーラ賞地域賞、北海道文化財保護功労賞、平成三〇年度（第二二回）アイヌ文化賞などを受賞。著書に『上武やす子とピリカノカ――アイヌ刺繡教室』（クルーズ、二〇〇七年）がある。

カッケマツ、萱野れい子さん

――今日お集まりいただいた三人の方は、戦前から戦後にかけて大変な時代を過ごしてこられたと思いますが、これまでどういう暮らしをしてこられたのか、今の若い方々にも知ってもらえるように、お話していただければと思います。

萱野　私は昭和六（一九三一）年生まれです。

宇梶　私は昭和八（一九三三）年。

上武　昭和九（一九三四）年です。
——まず静江さん、萱野れい子さんとの出会いについてお話しください。

宇梶　旦那様の萱野茂先生が国会議員の選挙に出るころ、奥様のれい子先生と知り合いました。私の弟の治造が東京で萱野先生の応援をしていたので、私も東京で何回か演説を聞きに行きました。萱野先生が、刺青をしたおばあさんとウエペケレ（民話）を話したりしているところも見たりしています。れい子先生とはあまり会わなかったけれど、この方があって茂先生がある、と思っていました。

二風谷アイヌ資料館を見れば、萱野先生がどんな人だか、誰でもわかります。萱野先生が菊池寛賞を受けられた時、壇上では萱野先生が脚光を浴びて花束を受け取っていました。その壇の上で、横にれい子先生が慎み深く立っているわけです。私は、この人を忘れちゃいけないと思って、れい子先生に花を捧げたんです。先生はびっくりした顔で振り向きました。

私はその時かられい子先生を尊敬しています。たまたまどこかでお会いして、そのうちにこの資料館に出入りさせてもらうようになりました。私が出入りしていたころも、たくさんの人がやって来ていました。れい子先生は分け隔てなく、後ろの方で遠慮してるような人に、「あの人をちゃんとしてあげなさい」「あの人にこうしなさい」ってお手伝いの人に言っている。「ああ、この人はカッケマッだ」と思いました。おだてられると、自分が偉そうになる人が多くて、そういうのを見てうんざりしていたけれど、「れい子先生は、うちの母みたいなことをやる人だな」と思いました。カッケマッ（長の夫人）は、ニシパ（長《おさ》）を支え、村の貧乏人や病人、悪いことをした人などをみんなで支え合って助け合うための差配をする女性です。「その知恵のある人がカッケマッなんだよ」と聞いていました。五十代になってやっとカッケマッを見つけたと思いました。それからのお付き合いです。

たまたまここに泊めてもらうと、萱野先生とれい子先生が楽しそうに話しているんです。「ああ、こんなふうにやれるのが本当の夫婦だな」と思ったりしました。「いいな、いい夫婦だな」と見ていたものです。

萱野茂先生も、自分の奥さんの自慢をするんです。それがすごくいい風景でした。私も無茶なことして、人をたくさん連れて行って、二階に何人も泊めてもらったり、それでもいろいろお世話をしていただきました。ありがとうございます。

二風谷《にぶたに》での生活（萱野れい子）

――萱野さんは、貴重なアイヌ文化資料を残された萱野茂さんの奥様でいらっしゃいますね。生い立ちについて伺わせて下さい。

萱野　私が生まれたのは、北海道のはずれ、奥尻島ですが、生まれただけで、小さいときの奥尻島のことは全然わかりません。両親が二風谷出身だったので、二風谷へ戻り、ここで育ちました。母は私が数えで十二歳のころ亡くなったものですから、母といた時間のこともあまり覚えていません。私は八人きょうだいの、上から六番目です。上のお姉さん方は、早くから奉公に出されていろいろ苦労されたけれど、私は六番目だったから、あまり苦労なく育ちました。母が亡くなった後は、十八歳の姉と一緒に暮らしていましたが、その姉もまもなく結婚しました。

兄は、終戦で復員してから、二十一年に開拓に入ったんです。十五歳ぐらいの弟二人も開拓に入って、六年ぐらい働いて結婚しました。

私が物心ついたころ、炭を使って生活をしていたから、炭を焼く人が多かったんです。

看看川《かんかんかわ》とかに炭を焼く人がたくさんいました。うちの父が、今の沙流川の渡船場の仕事をしていたから、どこか川のそばに小さな家を建てて住んでいたのではないかと思いますが、よく覚えていません。弟もそこで生まれたと言うから、何年かそこにいたでしょう。

昔は大鍋でお湯を沸かしていて、その鍋の耳に着物の端がひっかかって火傷をしたことがあったんです。水膨れになって、着物が焼けて。その時村に、ニール・ゴードン・マンローという外国の先生がちょうどいて、水膨れをハサミで切って、手当てしてもらったことを覚えています。その時、クッキーをもらって、それがおいしかったことも。

ウェンナイという沢だったと思うけれど、沢水が鉄砲水みたいになるらしい。そういう時は、炭を焼く家へ避難したと思います。避難した時、ご馳走になったのが、人参の葉のてんぷら。一人前になって、人参の葉のてんぷらだったと知ったけれど、その味が忘れなかったのね。

今できているダムの向かいあたりの山の上に、炭焼きがいました。ダムのちょっと下あたりに渡船場があった。その後、小学校の下あたりで暮らすようになって、そこから学校へ通ったんです。二風谷はアイヌが多かったから、「アイヌ、アイヌ」って差別された記憶はありません。だから、差別されてすごく辛かったという気持ちはよくわからないし、聞いてもぴんとこないんです。二風谷小学校のほかは行ったことなかったから。

私が結婚した萱野の家も、家族が多かったんです。両親、夫のきょうだいに、私が入って、八人家族になりました。いきなり大勢の家族になって、竈《かまど》を任されたから大変でした。食べ物もあんまりないし、夫は山仕事に出かけて留守をしていることが多く、あの時は大変でした。

開拓は、二風谷の、今温泉のあるところからちょっと山の上でした。開拓もやっぱり大変でした。鍬《くわ》起こしなんかしたら、手がしびれて。手が痛いと思いながら寝るけれど、朝起きたら治っている。それは若さだったと思いますね。昔切った木の株の根っこを馬に引っ張らせて抜いては、そこを整地する。履物もないから裸足でやってたら、何か足の指に感じて、見たら、カブトムシがいてね。指を挟まれて、足振りながらのけようとしたら、そばで弟が笑って見てる。それで、カブトムシが土の中から出るもんだというのが初めてわかったんです。カブトムシは木の上にいるものだと思っていたから。そういうびっくりしたこともありました。

うちの夫の父親は雄弁家だったから、よく研究者のお客さんが来ました。お客さんと酒を飲む。私には兄貴たちがいたけれど、そんなふうに飲むのを全然見たことがなかったから、全くわからない。お客さんが来るとそうやって、毎日みたいに飲む。それが一生続いたような気がします。

今年から、家でやれる仕事だけやることにしています。それでもみんなが頼って来てくれるから、やれることは一生懸命やっています。民芸品作りは、昭和三十一（一九五六）年から少しずつ始めて、大阪の民族学博物館に納めるものとか、たくさん作ってきました。登別温泉の博物館にも、愛知県の犬山の博物館にもたくさん納めました。みんなが頼って来てくれるからやれるんであって、そうでなければできなかったでしょう。

あのころのアイヌの生活（宇梶静江）

宇梶　私は、夏と、秋から冬の暮らしが違っていたことを思いだします。夏は浜で、父親が昆布とりをして生計を立てていました。秋になると村へ帰り、父親は山奥に、材木の切り出しに行っていました。切り出した木のことを「コク」と言って、どれだけ質のよい木を出せるかで単価が決まるという、請負仕事をしていました。

七月になると、浜の中心に白い旗が揚がります。旗が揚がった日は、船を出して昆布を採る日。採ってきた昆布を砂場に干して、夕方になると集めて、みんなで昆布小屋に運ぶ。船から昆布を陸に上げるのを手伝う「陸まわり」というおじさんやおばさんがいました。

私は六人きょうだいの上から三番目で、二歳半下の弟と、五歳の弟がいました。七歳ぐらいまでは自由に遊べたけれど、それから先は親の手伝いです。でも、手伝いもうれしかった。おだてられるし。遊びほうけていると、お尻を叩かれたけれど、親だから、怒ったり殴られたりしても、すぐ忘れて生きてきたという感じです。

十歳になったころには、戦争も末期で、極端な食糧難でした。それまで父の働きがよかったから、お米も内地米で、父は「食わしてる」と自負していましたが、内地米が入らなくなって外米が入ってくると、臭いし、形も違う。父が驚いて、「子どもに外米は食わせられない」と、にわかに田んぼを始めることになったんです。自分の田んぼがなかったので、牧場主の空いている湿地帯の田んぼを一ヘクタール借りて、農家を始めました。

私は体が弱く、学校ではいじめられるし、長期欠席児童でした。たまに学校に行っても、勉強は覚えられないから、学校に行くよりも家の手伝いをしている方が楽しかったと思います。戦争が終わって、畑仕事など家族の手伝いをしているうちに、体も丈夫になって、働き手として少しは家を経済的に助けられるようになったかなと思います。

生まれたのは、道南の浦河郡荻伏村、戸籍上は字姉茶の「番外地」です。アイヌの住むところは番外地なんです。番外地と、わざわざ印がついてるんです。そういうところで生まれたものの、アイヌというのがわからないまま育ちました。学校に行くまでは辛い思いをしたこともなかったのですが、学校に行くようになったら、「アイヌ」と言われました。でも、何がアイヌだか、全くわからなかったんです。学校にはアイヌの子もいるけれど、和人の子の方が多い。帰り道で和人の子が束になって、アイヌの子をいじめるわけです。私もターゲットになりました。

いじめられて、男の子も泣いてました。男の子ほど早く学校へ行かなくなっていました。私には男のきょうだいが四人いたけれど、学校がつまらなかったから、誰も字を覚えようとしなかった。社会人になって世の中に出ると、肉体労働でも、相撲でも、何をやったって負けない屈強な男のきょうだいなのに、ばかじゃないのに、自分の名前も書けないし、日本文字を拒否する。これは本当にアイヌ問題だと思います。

校長先生は、特にアイヌ差別が酷かった。戦時中だったからかもしれないけれど、アメリカの悪口を言うのに、「アメリカのアイヌは」って朝礼の時に校庭で言いました。教育に関しては、もうめちゃくちゃでした。

学校から帰って、奥の部屋で布団の綿入れをしていた母ちゃんに「アイヌって何」と聞いたら、「またあいつらそんなこと言ってんのか」と母ちゃんは怒っていたけれど、ひとり言で怒っているから、カバンを置いて遊びに行きました。

アイヌがこういうもんだと知っていたら、あんなに体中にとげを刺さなくてもよかったかもしれないけれど、知らなかったから自分で背負《しょ》い込んでいった。私は人間なのに、「ア、イヌ、犬来た」と言われたんです。毛深い人のことを、アイヌどうしでもばかにする。昔のアイヌは毛深い方がよかったんだけれど、和人と混血するようになってくると、和人化した方がいいということで、アイヌどうしでそういう格差をつけていたんです。

子どもはわからないから、自分は毛深いから差別されるんじゃないかなんて思って、うっそうとしたまつげをしてたから、まつげを切ったりしてたね。それで怒られても、なんで怒られるのかわからなかった。いいことをしたと思うのに、怒られる。わけのわからない差別を受けて傷ついていく。子どもは何も言えない。

親たちは忙しい。子だくさんで貧乏だから働いてばかりいる。「ああ、疲れた、疲れた」と、親たちのぐったりして寝てる姿を見ると、なかなか聞けない。

木の橋だったか、姉茶橋に穴が開いていたことがありました。雨が降って大水が出た時、その穴に落とされそうになったんです。「母ちゃん、ウラベに落とされそうになったわ」と言うと、母ちゃんはバッと私を連れて、五百メートルぐらい離れたウラベの家に行って抗議した。他にも何回抗議に行ったかわからないくらい。父は草相撲取りで、強かったから、私の後ろに強い親がいるのを知ると、いじめる子が暴力をふるうのをやめる。親のお陰であまり暴力も受けませんでした。金なんかあるわけないのに、通せんぼされて、「金、持ってこい」と言われたり。学校に行って楽しいことはないわけです。

冬、校庭の木の枝に雪が乗ってる。お天道さんが上がってくると、その氷がきらきらしてきれいで、感動して見ていると、「よそ見してる」と言われて立たされました。勉強や先生の話より、外を見ているほうが楽しかった。一生懸命綴方《つづりかた》（作文）を書いても絵を描いても、貼り出されるのは和人の子ばかり。だから、どうせ評価されないと思い込んでいました。成人式の通知も来なかったし、すごく悲しかったという思い出がありました。

娘時代に働くことが身につきました。畑や田んぼの仕事の合間に、〝でめんとり〟という日銭稼ぎに行かされました。行くと二百円か米二升かどっちかもらって、生活の足しにした。うちの田んぼは一町歩だったから、手がすくと泊まり込みで隣の村に手伝いにも行った。お盆に帰る時に、赤い鼻緒の下駄をもらった。母ちゃんが私によく似合う簡単服を買ってくれて、それを着て友だちと盆踊りに行ったりもした。そんなのが楽しかったかな。

盆踊りの輪に入って、ずっと歌って、夜中、みんなが帰るまで踊る。踊って歌うのが大好きだった。めったにないお祭りは、本当に楽しかった。

学校に行けないことがあまり悲しかったわけでもなかった。ああしたい、こうしたいと夢がいっぱいあったから。ある程度学校に行っておかないと、世の中に出たら辛いかなとも考えたけれど、家出して奉公して学校に行きたいな、なんて思ったり。でも、親のところから離れられなかった。恋心が芽生えて好きな人がいても、好きとも言えないし、そばに行くこともできなかった。二十歳になって、学校に行けるチャンスに恵まれたら、嫁さんに行くことなんかすっかり捨てちゃって、一直線に世の中に出て、今ここにいるわけなんです。

洋裁学校に行かせてもらった（上武やす子）

上武　一歳半で母が結核で亡くなったので、私は母の妹に預けられたんです。それから小学校に上がるまでの記憶がありません。預けられたということも後に聞いたんです。小学校に上がる時に、父親が預け先から私をこそっと連れて帰ってきたんですって。三人きょうだいで、兄と私は二歳しか違わないけれど、いつもけんかばかり。八十過ぎてから、「いや、あの時はつらかったよ」と、さりげなく昔の思い出話を言ったりしてね。

父親は本当に働き者だったし、ある程度村の人格者でもあったので、そんなにいじめとかの苦労はありませんでした。兄は餓鬼大将で、村一番の暴れん坊。頭もいいし、腕力あるし、誰もかなわないから、誰も逆らわない。アイヌのみんなに助けられて育つし、学校時代もそんなに苦労はなかった。勉強はあまりできなかったけれど、先生方もあまり差別しないで、習字でも絵でも、よかったらちゃんと金賞をくれて、表彰もしてくれました。

だから子ども時代はのんびり育ったと思います。

一番記憶にあるのは、戦争が終わった時のこと。日本は戦争に負けた、ああもう明日から防空壕に逃げなくてもいいんだ、というあの安堵感は、すごいものでした。体も小さくてあまり丈夫でなかったから、防空壕や退避小屋に逃げる時、心臓がすごく苦しかったんです。それが一番嫌だったから、戦争が終わって、明日からもう空襲警報が鳴って逃げなくてもいい、戦争に負けてなんてよかったんだろう、と喜んで拍手喝采していました。

終戦の時におばあちゃんが卒中で亡くなり、父は働き者だったから、決して父を悲しませてはならない、という思いで、姉も兄も私も、悪いことはできなかったです。父は、母のいない私たちを大切に育ててくれました。当時は、中学校を卒業すると、みんな農家に働きに行ったんです。「一年いくら」って、親は先にお金をもらって、子どもを農家で働かせる。うちはそれはありませんでした。

兄が高等学校に入り、私は半年後に洋裁学校に行かせてもらえた。あの時代に洋裁学校に行けるというのは、親の理解があったということなんです。父は貧乏漁師だったから、私は本当は遊びたいんだけれど、遊ぶこともできないし、親の顔を潰すこともできないって、いい子ぶってたかもしれません。でも、私も親を悲しませないために一生懸命、自分で勉強しなきゃいけないという思いでいました。

洋裁学校には汽車で通いました。汽車に乗ると、「ア、イヌ来た」って声がする。犬来たって、汽車の中に犬がいるわけないでしょう。「アイヌって言ってるんだな」と思いました。私はあまりそんなにひどい差別を受けなかったけれど、洋裁学校に入って最初に級友から言われた言葉が、「あら、案外とノーマルなのね」。「えっ、ノーマル。私は一体何て見られていたんだろう」と思いました。「この人たちの方がばかだわ」と思って、自分で自分を励まして生きてきました。「天は人の上に人をつくらず」って、後で勉強したらこの言葉もあまりいい言葉ではなさそうだったけれど、その時はその言葉を胸の中で、自分への重しとして心に置いて、頑張っていました。

でもやっぱり体が弱かったから、卒業することが難しかった。汽車通いで、冬は寒い中を駅まで三〇分歩いて、帰りも三〇分歩いて帰るというのが辛くてね。あと二カ月行けば卒業だったけれど、体が悲鳴を上げて中途退学しちゃったんです。その後、洋裁を生かして、いろんな仕事をやって、弟子入りしたり、さらに勉強をしました。ただひたすら働きました。

　夫はサラリーマンでした。私は体が弱くて、働くことがとても苦しかったから、第一次産業の人のところには嫁に行けないと思っていた。安給料でもサラリーマンだったから、お嫁に行ったんです。

　父はずっと再婚しないで、育ててくれました。ある時一度だけ、父が子ども三人を並べて、再婚のことを相談したことがありました。私はうれしいなと思ったけれど、兄が反対したので、父は再婚しなかったようです。私は、何もわからなくて、ただお母さんが欲しかった。お母さんがいる人がとてもうらやましかった。運動会には、父親がちゃんとご馳走を作って持って来てくれたけれど、自分のことは自分でしなきゃいけなかったから、お母さんのいる人が本当に羨《うらや》ましかった。お母さんのいる友だちの家に行ったら、うれしくてしょうがないの。そこの家で夕ご飯になったら、そこの家の家族みたいな顔をして一緒に夕飯をご馳走になりました。家に母親がいるということはすごい、と私は思っています。

　だから、自分が結婚して子どもが生まれて、この子どもたちが最低でも十五歳、中学校卒業までは頑張って生きていこうと思っていたら、八十四歳まで生きちゃったの。でも、膝、腰、足を折って、十回も外科手術をしたんです。内科で入院したことはないんです。親から命をいただいてるんだなと思って、感謝して生かさせてもらっています。

体が弱かったから、肋膜から肺浸潤、心臓脚気、いろんな病気にかかりましたが、入院するわけでもなく、何とか生き延びてきました。私は父親が大好きで、大切だった。父親を悲しませてはならない、父親に親孝行しなきゃいけない、という思いがいつも頭の中にあったんです。だから生かされてきたのかなと思って、今感謝しています。母のいない寂しさをずっと持っていて、今でも寂しいです。写真を見ただけでは、母のことがわかりませんから。

今、八十四歳と六カ月になりました。母親や娘や子どもを殺すという事件を聞くと、何という罰当たりなことをするんだろうと思います。自分で産んだ子を自分の手にかけてね、鬼より悪いなと思います。

——アイヌであるという自覚は、割と早くからあったのですか。

上武 自分がアイヌということは、わかっていました。父親も母親も結核に罹《かか》って働けなくて、一家全滅したところも見てきました。昔、青年団の会合で集まった時、兄の同級生の一人の青年がトイレで喀血して、間もなく亡くなったのも見ました。病院にかかれないということです。

アイヌであることの自覚（宇梶静江）

宇梶　三人三様で、ずいぶん違いますね。差別を知らない人と、差別の中で覆《くつがえ》してきた人と。

上武　私は強かった。引かなかったから。私は人間だと思っていたから。

宇梶　立派よ。そう思いながら生きたということは、すごい。私は人間だか猿だかわからないけど、何となく生きてきたんです。自分だけじゃない周りの差別を見てきました。大きくなったら、学校の先生になって差別しない教育をしたいとか、生活苦で医者にかかれないで誰かが死んだという話を聞くと、医者になってみんな助けようとか、そんなことを考えていました。子どもにそう思わせる時代状況の中で生きたわけですから、よほど悲惨だったんじゃないかなと思います。

大きくなって、東京に来てアイヌ問題を投げかけてみて、たくさんのアイヌと知り合いました。そのアイヌの人たちは、満足に生活をしていない。片親のためにたらい回しにされて、いじめられる。奉公に行っても、男にいたずらされる。女の子が一番傷つきます。男の子は、傷ついたら暴れることで解決する。それしかないんです、抵抗の仕方は。

うちの兄の青年時代は、アイヌと和人がけんかすると、警察がアイヌだけ引っ張って行く。うちの父親はすぐ警察に行って怒鳴りつけて、兄を連れて帰ってきました。親がいれば守られるけれど、親がいないアイヌは、守られなかった。

アイヌ問題をやり始めて、私はずいぶん甘く育ったと思いました。アイヌの仲間の中にいて、同じぐらい歳のアイヌの女の人に怒鳴られます。私が何か言うと、「わかってないくせに、責任持たないで」と、かあっと反対される。泣くと、「泣けばいいと思って」とまた言われる。私は、親に言われて泣くほど悲しい思いをしていないから、涙がすぐ出ました。今は泣かなくなったけれど。子どもが二人もいるのに、泣きながら帰ったことがありました。

それから、よく考えて、「私は守られてきたんだ」と思ったら、強くなりました。私には兄ちゃんも父ちゃんも母ちゃんもいて、守られていた。後ろに私の守り神がいる。それに気づいてから、元気になりました。親がしっかり私たちを助けてくれたということが、よくわかるわけです。だから、やらなきゃいけないと思ったんです。

じゃあどうすれば、アイヌであるという自覚を持てるか、プライドを持てるかと考えたけれど、そこまでなかなか行けない。何か言うと、カッと拒否されるから。アイヌの女の子も、大学を卒業した人と結婚するでしょう。同胞は目をきらきらさせて、シャモの大学を出たとか高校を出た男の話を聞くから、中学は出たけども高校も中退のような、半端なアイヌのおばさんの話なんか聞いてくれない、と。だから、前へ進めなかった。

東京都庁にかけあって、東京のアイヌの問題をやっている時は、うちの子どもたちの面倒も満足に見られないし、亭主も長期の転勤になったり。家庭の中にもいろいろごたごた問題がある上に、外でも解決できない問題に直面していくということになる。三十代の後半でアイヌ問題をやって、四十代、五十代というのは、まあひどい毎日でした。

ノーベル賞をとった世界の先住民の女の人リゴベルタ・メンチュウさんを呼んでお祭りをやった時、うちの息子や治造なんかも来てお祝いしたんだけど、治造は字を書けないでしょう。そうしたらアイヌと一緒になったシャモが「あんたなんか恥ずかしい」って言うんだよ。アイヌと一緒になったシャモは、アイヌの権限を持っていて、堂々とアイヌ差別できると思っているわけ。変な世の中で。それで私、食ってかかったことがあるのよ。字は書けないべ、それは本当だけどね、ばかな弟でも、目の前でばかにされると、かばわない姉っていないわよね。治造もまた、俺はだめだという、それも差別になるべさ。やんわりと弟を守りながら行くということも、またしんどかったね……。

やらなかったら、前に進まない（上武やす子）

上武　アイヌの活動に入ったのは、昭和五十八（一九八三）年ころ、登別市での抗議活動がきっかけでした。のほほんとして男だけに任せていられないな、私にできることは何だろうと考えました。そして一緒に活動することだと思って、出て行きました。「ここにアイヌのメノコがいるんだぞ」ときちんと見せなきゃいけないないなと。アイヌだから「アイヌ」と言うだけ、卑下することは一つもないと胸を張って生きてきて、気づいたら四〇年経っていました。当時、アイヌできちんと声を上げたのは、私が初めてだったと思います。

体もあちこち病んできて、心も病んで、それで去年の春から一つずつ教室を閉めて、まもなく全部閉めようと思って、準備しているところです。でも、足が痛くても、送り迎えがあれば、どこへでも遊びに行きます。活動しないことには機会にも恵まれないし、私は家の中に閉じこもっているのが好きでなかったから、前に、前にと進んでいく方でしたね。

一生懸命やっているころ、主人が「おまえがなんでそんなにやらなきゃいけないんだ」と言うから、「やれる人がやらなかったら、前に進まないでしょう」と答えると、それから何も文句を言わなくなりました。夫がクモ膜下出血で亡くなった平成八（一九九六）年、私は北海道ウタリ協会の登別支部長で、うちのイチャルパ（先祖供養）で宇梶静江さんと初めて会いました。それ以来のお姉様で、助けてもらった。

苦労してきただけ芯があって、言葉一つ言うのでも、上っ面でなくて、心からの叫びというか、芯のある物の言い方で、私はとても勉強になりました。その真似はできないけれど、一つでも二つでも学んで、今でもお付き合いさせていただいていることに感謝しています。

そんなわけで、今まで頑張らせてもらったから、これからは自分の人生をどうおさめるかということを考え、もう少し人生を楽しみたいとも思っています。

「あなたがここにいるだけで、アイヌを守る力となる」――萱野れい子さんへ

宇梶　このままのアイヌの状態では、これから育っていく人がアイヌ文化を何もわからないまま、文化が消えていくんじゃないか、と心配しています。

萱野　みんなが仕事してくれて、それが広がっていることが、自分も幸せだなと思えることです。私は今歩けなくて、家に引っ込み気味になっていますけれど、若い世代が一生懸命やっているのを見てるから。みんなそれぞれに頑張っているから、それでいいんじゃないかなと思います。私はアイヌだと言われて差別をされたこともないから、全然わからんで今まできていますけども。

宇梶　今、息子さんの志朗さんが会館を継がれて、お孫さんが戻ってきていますね。

萱野　とてもうれしく思っています。孫も頑張っているし。孫は、夫がやってた仕事、いま登別のチセ建設にも行っています。息子も孫も、そうやって夫の後を継いでやってくれているから、そのまま続いていけば大変いいなと思って、喜んでいます。

宇梶　そういうことを、書いて残してほしいなと思います。

萱野　帯広から来ている人が、「ばあちゃんのやってることを、いろいろ聞きたい」と話を聞いてくれるもんだから、本を出そうかと思ったりしています。

宇梶　楽しみにしています。生きている間、頑張っていきましょうね。ありがとうね。

萱野　頑張ります。元気になって、一生懸命、もう少しと思っています。

宇梶　ありがとう。会いに来てよかった。

萱野　今、息子の嫁さんもしっかりして、二人で一生懸命やっているから、私は、息子たちを頼りに暮らしています。ここで昔からやっていたアイヌ語教室を、今、息子夫婦が頑張っています。私も一緒に勉強しているんです。孫も熱心にやるし。若い人たちに任していかなきゃいけないと思うし、楽しみにしています。

夫はいろいろなことをやっていたけれど、女の私はそばにいて、いらんことは言わないで過ごしてきました。あんなに早く死ぬと思わんかったから、こっちももっといろいろ聞いとかねばならんかったことがあったのに、それがいつまでも続くと思っていたもんだから。あとに残された者は、やれる間は頑張りたいと思っています。

宇梶　あなたがいるだけで、それだけでアイヌの財産なんだ。それだけでありがたいん

左から藤原良雄（藤原書店社主）、萱野れい子、
宇梶静江、上武やす子

だよ。

萱野 何かあったら、涙が先に出ちゃってだめ。

宇梶 いつも指導者、あなたは指導者、ここにいるだけで指導者なんだ。それをわかってもらわないと。何か言えばいいってもんでもないの。ここにいるだけで、すごく立派な人なんです。守ってきたんです。先生も守られたたし、二風谷も守ったし、アイヌ文化も守ってるの、先生の力です。

萱野 この人もこうやって来てくれてるのは、嫌でないから来てくれると思うから、私はうれしく思ってるの。

宇梶 ありがたいです。そういうことを残してください。先生の存在がどれだけアイヌを守ってるかって、それを書いてくださいね。

（聞き手・藤原良雄）

（二〇一九年六月　於・萱野邸）

二　観光と言葉とアイヌ

〔山本栄子さんとの対話〕

山本栄子　若い頃からペウレ・ウタリの会に入会し、差別・偏見の解消、アイヌ文化伝承に取り組む。結婚して阿寒湖アイヌコタン（北海道釧路市）に移り住み、アイヌ古式舞踊の踊り手を務める他、文化保存会会員として各地でのアイヌ文化公演に取り組んでいる。また、阿寒口琴の会においてアイヌ民族の芸能・記録に取り組み、海外公演にも参加。道外のアイヌとの交流にも取り組む他、学校等での公演や講演会なども。平成二七年度第一九回アイヌ文化奨励賞受賞。父は、アイヌ文化伝承者の山本多助。

アイヌ文化と〝観光〟の役目

――まず、栄子さんから、観光とアイヌ文化についてどうお考えか、率直に伺えればと思います。

山本 アイヌ文化を観光客に知らせるのは、大事な役目だと思います。アイヌは現在は和人と同じような暮らしをしていますが、アイヌ民族の文化としての木彫りや織物は、問屋から大量に仕入れて売るところもありますが、店先で実際に彫って売っている人もいます。民族舞踊は、見たい観光客もいますし、何も知らない人たちにアイヌ文化を知らせる意味もあるので、観光として見せるのは、大事な仕事だと思うんです。

少し前は、「アイヌはアイヌ語しか話せない」と思っている観光客が多く、「日本語が上手ですね」とか言われたものです。私のじいさん、ばあさん、ひいじいさんの時代、「日本語でしかしゃべったらだめだ」と言われ、アイヌ語という言葉を奪われたことも知らないで。私は、本当は親からアイヌ語を教わりたかった。でも、親もおじいさん、おばあさんもアイヌ語を話したけれど、禁止されていたし、アイヌのことはだめだという世の中にされ、そこでアイヌ語が途切れました。

アイヌ文化は、観光があったから今も残っています。アイヌ自身は、もうアイヌという言葉を聞きたくないし、歌も歌いたくない、踊りも踊りたくない人が多いです。年寄りたちが年寄りだけで集まって、ひっそりと歌ったり、踊ったりして、子どもたちには聞かせないように、見せないようにしていました。私の家に、年寄りがいっぱい集まって、踊ったり歌ったりしているのを、私は隣の部屋から見ていました。

宇梶　うちは、カムイノミで集まる家だったから、そういう思いをしたことがないけれど、よそのアイヌの家でカムイノミする家は、ほとんどありませんでした。

山本　そういうアイヌ文化や風習を、明治の初めに奪われたんです。けれど観光地では残ってきました。平成元（一九八九）年からウタリ協会が「アイヌ文化祭」というのを始めて、あちこちでその地域の踊りなどを舞台で見せるようになりました。観光地ではないところでも、アイヌの踊りや歌を民族衣装を着て披露しています。民族衣装を作ったり、刺繍を刺す訓練も、職安から一日三千円幾らのお金で二カ月とかというのがありますね。刺繍を習って、自分の着物を作ったりできて、本当は嫌だけど、お金がもらえるというので、やってみたら面白い。舞台に出て、一回踊ってみたら楽しいから、またやりたい、となる。

今でも嫌がる人はいっぱいいますが、アイヌという言葉が少しずつ耳障《みみざわ》りでなくなってきています。そういう意味で、アイヌ文化祭は、アイヌ自身が自分をアイヌだと思え、それに誇りをもてることにつながっていると思います。

宇梶 白老も、阿寒のような形で観光業が盛んになるかしら。

山本 白老には博物館も立派なのがあるし、アイヌのチセ（家）もたくさん建ってるし、踊りもやってるでしょう。

――阿寒が一番ホットという感じがします。白老に博物館はありますけれど。栄子さんは、もっといろんなところに観光としてのアイヌ文化があった方がいいと考えているのですか。

山本 別にそんなことはないんです。そういうのがないと、アイヌ文化に触れる場所がないでしょう。よそでは見られないから。阿寒湖で「アイヌの古式舞踊をお客さんに見せる」というのは、アイヌにとって大事なことだと思います。修学旅行生に木彫りを教えたり、コースターにアイヌ刺繡をやってもらったりするコースもあります。みんなが参加して踊ったり。正しく伝えるということだから、見世物という気持ちではないんですよ。

アイヌ語が話せない

――これからのアイヌの若い世代に向けて、何かお言葉をお願いします。

山本　「自分はアイヌだよ」「アイヌの血を引いてるよ」と、何のこだわりもなく、さらっと言える世の中になってもらいたい。自分がアイヌなのに隠して生きていくというのは、切ないですね。「アイヌ」とはアイヌ語で「人間」という意味だということと、昔からのアイヌの歴史をちゃんと知って、「自分はアイヌだ」と言える人たちになってもらいたい。

――言葉と文化は密に絡み合っていますね。アイヌ語に関してはどうでしょうか。

山本　私が子どもの時、お年寄りが使う、ちょっとしたアイヌ語の単語は覚えているんですが、文章としては話せないんです。アイヌがアイヌ語をしゃべれないということが悔しい。おじいさん、おばあさんの代でアイヌ語が奪われたというのが、すごく悔しいんです。生まれて、言葉を話すようになったら、ぺらぺらアイヌ語をしゃべれたはずなのに。そういうことの責任は、国にとってもらいたいと思っています。言葉はすごく大事だと思うんです。

今、私たちは和人の学者にアイヌ語を教わるんですよ。変な話だなと思います。学者の人には、感謝してるんだけど……。「よくアイヌに関心を持って、アイヌ語を勉強してくれた」って。そういう学者がいたから、アイヌ語が残ってるわけだしね。年寄りのテープや歌や物語を採録してくれた学者にも、よくやってくれたな、だから残っているんだなと、感謝の気持ちはあるけれど、そういう状況にした国の政策やなんかには、腹が立つんですよ。学者の大野徹人君、藤村久和先生らに感謝の気持ちがあって、アイヌ語を習うけれど、こっちから入ってすぐこっちへ出ていって、覚えきれないんだ（笑）。

宇梶　大野君はあれだけ勉強してすごいし、藤村先生は泊まり込みでアイヌのところに入ったって聞きました。

山本　藤村先生は、阿寒湖の四宅《したく》ヤエさんのことを本に書いたりしています（『アイヌの神々の物語——四宅ヤエ媼伝承』藤田印刷エクセレントブックス、第二版、二〇一八年）。そうやってくれたから、アイヌ語やアイヌ文化、物語やユカラがテープに残っているんです。

宇梶　二歳ぐらいになれば、物が言える。そのころからアイヌ語をやっていれば、人から教わることなく、叙事詩でもなんでも伝わったんですよ。ヤエさんははじめからアイヌ語を話せたんですから。

栄子さん、さっき「アイヌ語が話せなくて悔しい」と言ったでしょう。書いたものを読んだことはあったけれど、直接「悔しい」と聞いたのは、初めてでした。それが、私はすごく嬉しい。アイヌの文化をもっと大事にできたのにと思う気持ちが、あなたの言葉から私も感じ取れたし、言葉というのは大切だなと思う。

栄子さんが言うように、二、三歳からアイヌ語で話していたら、私たちもこんな思いをしないで、もっと自由に生きられたかもしれないってことなんだよね。私たちの親は明治生まれだから、子どもを殺されるのが嫌で、それで「シャモに向かっていけ」とは言わなかった。シャモに向かっていったら、切り殺されると思っていただろうから。

戦争が終わってからは、民主主義とか平等とかいう言葉が流行って、味方してくれる先生もいたけれど、私は朝礼の時に校長先生から「アメリカのアイヌ」と言われて、アイヌをいじめるのが当たり前という時代に育ったんです。

私も相当いじけているけれど、栄子さんみたいに素直な言葉で、素直に思ったことを表現していくことが、アイヌ文化を讃《たた》えて、取り戻せないまでも、大切にしていけることにつながるんじゃないかと思います。栄子さんに会えてよかった。言葉に衣着せない正直な人に会えて、よかった。

足が悪くなったら「テッテレケして」とアイヌ語で呟《つぶや》きながら、わたしは歩いているの。「テッテレケ」は、生まれたばかりのヒヨコとか、歩き始めた子どもみたいに、転びそうになりながら歩くこと。自分の歩く姿を見て、アイヌ語がぽっと出てくるんです。

「ネプタタハイキ」は「あなた何言ってるの?」ということ。耳の遠い人が「もっと大きい声でしゃべってください」と抗議する時に出てくる言葉です。そういうのがちゃんと出てくるんです。

山本　単語はわかるけれど、文章で言えないんだよねえ。

宇梶　そうそう。

悪いことをする自分を、自分が見ている

宇梶　内緒で、ちょっと悪口を言っている時に、誰かがポッと来て、「ハルサキナン」と言われます。アイヌ語がわからなくても、「黙れ」とか「誰かが聞いてるよ」というこ

とかなと思ったりするんです。弟の治造は、よくでかい声で悪口を言っているけど、悪口を言った人が近くに来るのがわかると、私は彼に「ハルサキナン」と言う。「ああ、そうか」と言って、アイヌ語でちょっと救い合うことがあります。そういうふうに、私もアイヌ語は少しわかるけど、何もわからないようなもの。

「バチコワチする（罰が当たる）」って言うでしょう。大人たちが「そんなことしたら、バチコワチする」「金に汚いことしたら、バチコワチするからね」と言っていました。〝誰も見ていなくても、自分が見ている〟ということが、アイヌの教えなんです。人を殺したら、自分で自分を制裁するということなんです。「エスカ」（盗む、泥棒）したら、誰も見ていなくても、盗んだ本人は確実に判っているんです。

山本　本別では、「イスカ」と言うよ。

宇梶　私は「エスカ」って聞いてました。

山本　日高と十勝では、ちょっと違うんですね。

宇梶　エスカする人って、いるでしょう。葬式やなんかで、食べ物がない時、袋に包んで持って帰る人。そして、また見てる人がいる、「エスカした」って。「あのおばさんはエスカして、後ろにいる自分の娘に赤飯なんか持たしてやった」なんて悪口を、よく聞いたものです。

アイヌにとっての結婚

宇梶 栄子さんは二十四歳で阿寒のウタリに嫁いだんですね。そのころ私は三十六歳で、子どもが二人いました。私は日高の浦河、姉茶で育ったんですが、自分が毛深くて、アイヌの顔をしているというだけでいじめられたから、アイヌどうしの結婚は考えられなかった。栄子さんがアイヌどうしで結婚された時の気持ち、とても大事だと思います。

戦争中に結婚した私の姉は、アイヌどうしだったけれど、戦争が終わってからのアイヌは変わったように感じました。今またアイヌどうしが結婚しているから、よかったと思っています。

山本 私はアイヌどうしで結婚したくないと思っていたんですが、ほかに好きな人がいなかったから、何となくアイヌと結婚したんです。旦那はお酒を飲まない人だったし……。小さい時から、よその旦那さんがお酒を飲んで暴力をふるうのを見たりしていたから、「お酒を飲む人とは絶対結婚しない」と思っていました。

「あなたはアイヌとして誇りを持って生きてるんだから、あなたの子どもだってちゃんとそういうふうになるよ」「アイヌどうしだからといって結婚しないのはおかしい」と、後押ししてくれる和人の友だちはいました。そんなので、何となくの結婚でした。

宇梶 私はそれで失敗しているの。うちの父が「男は酒ぐらい飲まないと」ってよく言ってたので、うっかり、とんでもない酒飲みさんと結婚しちゃって。

今、アイヌどうしの結婚が増えているようだけれど、どうなるかしら。アイヌに携わっている和人の青年が「俺はできればアイヌの娘と結婚したいんだ」と言うわけ。「和人として生きていっても、大した意味を感じないんだ。アイヌの文化に意味を感じるから、相手はアイヌがいい」、そういう人が何人もいるという話を聞くと、そうなのかなあと思うんです。どうですか。

山本 四人目になるうちの娘が、アイヌと結婚しました。高校に行くまでは「高校出たら東京に行って、タレントか歌手になる」と言っていたけれど、海外の先住民と交流する資格がウタリ協会にあって、高校二年のころに参加して、十代の子たち十二、三人でハワイに行ったんです。そしてあちこちのウタリの高校生と友だちになった。高校を卒業するころ、札幌のウタリの女の子と仲よくなって、その子が札幌の高等専門学校に行くというので、娘もそこに行こうかなと言い出しました。私も「東京に行かれるより、札幌に行ってくれた方がいいな」と思ったんです。そしてアイヌのこともいろいろやるようになった。よその国の先住民と交流したり、日高の方の若い子と友だちになってアイヌのことをやったり、だんだんアイヌに目覚めて、専門学校を出て働いていたころ、札幌大学にウレシパクラブ（アイヌの若者を毎年受け入れ、未来のアイヌ文化の担い手として育て、多文化共生コミュニティのモデルを作る試み）ができたというので、第一期生で札幌大学に入ったんです。普通の大学の勉強のほかにアイヌの勉強がいろいろあって、娘はそれでアルバイトをする余裕もなくて、その分私が働いてお金送ったりしてたんです。

大学を卒業してから三年間、白老の財団のアイヌの実技の勉強をするところに二期生で入って、山へ行って木や草の名前をアイヌ語で勉強したり、二風谷で木彫りを習ったり、アットゥシ織を習ったり、そういう実技の勉強をしたんです。そんなんで、去年二風谷の青年と結婚したんですが、二人ともアイヌどうしで、全然こだわりがなかったんです。

宇梶　ああ、それはすごい。

差別といじめ

山本　私が小学校に行くまでは、家におじいさん、おばあさんと母がいました。父は三歳で亡くなり、弟と二人きょうだいです。何の不自由もなく育ったんだけど、歩いて五〇分ぐらいの小学校に行き出したその日から「アイヌ、アイヌ」って、アイヌという民族の名前が悪口でしかなかったんです。

街に入ったとたん、学校に行って帰るまで「アイヌ、アイヌ」という差別の言葉を浴びせられ、何のことか、なんでアイヌなのか全然わからなくて、家に泣きながら帰ったら、おばあさんが「おまえはアイヌなんだから、アイヌって言われたら『はい』って言え」と言うんです。「泣かされたら、大きな声で泣け」と。朝になって、「もう学校に行きたくない」「行かない」と外で泣いてたら、棒を持って追いかけられた。走って、泣きながら学校に行ったんです。

小学校には四クラスあって、一年から三年まで同じクラス。四年生になったら組替えで、担任が男の先生になりました。その先生が「このクラスにはアイヌの子が二人いるけれど、いじめたら承知しないぞ」と宣言しました。二、三日後に男の子が、クラスのもう一人のアイヌの女の子に「アイヌ、アイヌ」と言っていじめたのを、ある子が「先生、あの子、アイヌって言ったよ」と知らせると、先生は本当にその子を前に呼んで、びしびし叩いて「この前言ったのにわからないのか」と怒りました。今なら体罰で問題になるんだろうけど、それをきっかけに、クラスでいじめる子がいなくなりました。

宇梶 すごいね。よかったわね。

山本 それから学校が楽しくなって、中学へ行ってもみんなと仲よくできたんです。

宇梶 あなたも弟もいじめられたの?

山本 私も弟も、毎日いじめられました。

宇梶 あなたのころはもう新制中学だね。最後まで卒業できたの?

山本 はい。四年生から学校が嫌でなくなったし、中学では友だちもできました。頭のいい子とか、親がちゃんとしているところの子は、いじめないのね。いじめてくるのは、ばかなやつばっかりだった。

宇梶　そうそう。

山本　中学ではソフトボールをやったり、勉強よりスポーツを一生懸命楽しくやって、アイヌという劣等感からは抜けていたかな。でも家が農家で、おじいさんが六年生の時に死んで、おばあさんもクモ膜下出血で倒れて大変だったから、高校には行かないで、家を手伝いました。

宇梶　すごいね、すばらしいわ。でも中学はちゃんと卒業したんでしょう。そのころのアイヌは、ちゃんと中学へ行けた人たちが多かったのかしら。私たちの時代はめちゃくちゃでした。小学校に入って何日もしないうちから行かなくなったり、ほとんど学校に行かなかったり、学校へ行っても二、三年生ごろになると守っ子（子守り）にやられたりしました。片親の家も多かった。あなたのころは、アイヌの生活も大分落ちついてきたんだね。

山本　でも、小さい子が大人に向かって「アイヌ、アイヌ」って言うような、そんな時代でした。

雪解けはまだまだ先

宇梶　私は二十歳で札幌の中学に入って、中学二年の時に親が倒れたもんだから、学費が足りなくて、授業が終わってから街に飴売りに行ったのね。飴を買ってくれる家も結構あるんだけれど、買ってくれない家では、子どもが窓から顔を出して「アイヌ、アイヌ」って。後ろで親がけしかけていたね。札幌のような都会に来てもそういうことがあったけれど、馴《な》れっこだった。学校では、アイヌのいじめは一つもなかったけれど。

私のきょうだいの子どもたちは、「おばちゃん、おばちゃん」と私を慕ってくれていたんだけれど、私がアイヌ問題をやったとたんに、私のところに近寄らなくなりました。甥っ子は昭和二十六（一九五二）年生まれで、今六十五、六歳なんだけれど、この間ガンになりました。自分がアイヌで嫁さんが和人ということにこだわっていて……。手術をすると聞いたので電話をしたら、「おばちゃんの声を聞いたら……」って泣いているんです。「アイヌ問題をやっているおばちゃんをすごく尊敬しているけど、学校でアイヌということで、すごく嫌な思いをしてきたことは忘れられない」って。

大分雪解けかなと思って、甥っ子のお見舞いに、励ましを兼ねて、アイヌのことを書いた私の本を持って行ったけれど、甥っ子は病院の看護師さん方に自分がアイヌと言われるのが嫌で、「おばちゃん、退院して帰ったら全部ちゃんと読むから、これは持って帰って」って。「ああ、そうか、まだとげが刺さったままなんだ、この子は」と思って、帰って来ました。その甥っ子を見ると、まだまだ雪解けするのは難しいと思います。

自分で考えて、アイヌの活動を

宇梶　娘にも息子にも、「アイヌのこと、やりなさい」「私はアイヌ」「アイヌ問題とは」と一言も言ったことはないし、息子から「孫に言わないで」と言われたこともありません。彼らがしたいと思ったらやればいいし、やりたくなかったらやらないでいい。自分たちの道を自分たちで生きてほしいと思うから、何も言わないでいます。

何年か前、ウポポイ（民族共生象徴空間）ができる前の白老に行った時、「息子さんがテレビに出てるよ」と言われたことがありました。「えっ、なんで？」と思ったら、息子が「イランカラプテ（こんにちは）」って宣伝をやっていて、びっくりしました。「うちの息子だ」

「そう、宇梶さん、剛士さんだよ」って、周りの人が喜んでくれたんです。母親はウポポイ建設に反対しているのに、息子はそこのPR大使になったんです。

山本　新聞に出ていたから、私は札幌の剛士さんのアンバサダーの就任式に行ったんですよ。

宇梶　「お母さんは反対の記事書いてるのに、どうしたの」と息子に聞いたら、「いや、お袋、そうだったの。僕は知らなかった。今度から気をつけるから」って(笑)。「あんたはアイヌの息子であり、弟であり、お兄ちゃんであり、そういうアイヌに生まれた大事な人なんだからね。先祖があんたに命令しているんだから、アイヌのことをしっかりやってよ」と言ったら、「わかった」ってね。電話だから、そんな会話しかしていないけれど。

一九九九年にアイヌだけのファッションショーを、東京でやったことがありました。アイヌの女性が杖をついて出て来たり。これもアイヌどうしの交流かなと思っていました。食べるお金もない時だったけれど、「冷蔵庫に一週間分ぐらいおかずが入ってるからいいや」と思ったりしました。「お金ない」って話をした和人の女の人が「お金、振り込んでおいたから」と言ってくれたこともありました。私の作品を見て、チョッキに刺繡したものとか、高く売ったのに、無理してみんなが買ってくれて、売上が百万になったこともありました。すごいことでした。

アイヌのことを書いてやると言われても、「要らない」と言っていた時もあったね。どうせ取材したって、こっちの思うことは書いてくれない、映像撮ったって、思うように撮ってくれないんだからと思っていた。でもこのごろは少し変わってきたかな。周りが怖くて、あなたにも近づけなかったけれど、子どもたちもあなたを「おばさん、おばさん」と言っているし、やっと近づけるようになりました。よろしくお願いします。

今では東京に、アイヌ運動の団体が四つもできて、もう私の出る幕はないんだと思いながら、そんな感じで活動をしています。

歴史を学ぶことが大切

山本 私がアイヌのことをちゃんと考えだしたのは、バチェラー八重子の「ふみにじられ　ふみひしがれし　ウタリの名　誰しかこれを　取り返すべき」という歌がテレビから流れてきて、何かぐさっと胸に来てからなんです。

ある夏、阿寒湖で働く若いアイヌと顔見知りになりました。冬は店を閉めて、東京の方に働きに行く若いアイヌでした。その時は、東京に「ペウレ・ウタリの会」というのがあるのを知らなかったけれど、翌年知って、入会しました。その会は、最初はアイヌと和人の若い人との親睦の会みたいなものだったそうです。でも、アイヌはみんなひねくれていて、親睦がうまくいかない。なんでだろうとみんなで考えた結果、「アイヌは心に傷を持っていて、劣等感があるから、疑り深くなって、うまく仲よくできない」ということに気づいた。「じゃあ、正面からアイヌ問題に取り組もう」「アイヌと和人が仲よくして、住みよい社会をつくろう」という大きな目標を立てて、親睦の会から、アイヌの差別をなくす会に方向転換したそうです。

夏、調査旅行であちこちのコタンを回って、いろんなコタンの現状を見たり聞いたりした後、阿寒湖で第一回総会をやりました。何か仲間意識ができていました。

宇梶　ああ、そうなんだ。

山本　農閑期の冬に東京に出稼ぎに行ったとき、会員の家に集まって例会をして、勉強会で『風土記日本　北海道篇』(平凡社、一九五八年)を読んで歴史の勉強をしました。私はアイヌの歴史を全く何も知らなかった。「アイヌは昔、原始共産制で」と言われても、「原始共産制って何？」と質問するありさま。「お互いに助け合って、食べ物も分け合って、獲物をとったら分け合う、山菜も分け合う。そうやって部落ごとに、家族みたいに共同で生活すること」と、大学生の会員が説明してくれました。「それはすごいことだな」と思いました。本当に平等の生活をするわけでしょう。「大きな共産主義の国には貧乏人も金持ちもいる。それはどうしてか、よくわからないけれど、この原始共産制は、人間として当たり前のことだな」と思いました。勉強したから、「アイヌであることは嫌じゃないんだ」「私はアイヌでいいんだわ」って思ったんです。歴史の勉強をするっていうことは、すごい大事なことなんですよね。

昔は北海道全体がアイヌの土地だったのに、和人が勝手に入ってきて、土地を全部とられてしまった。「川でサケを獲ったらだめ。サケを獲ると密漁で捕まる」「鹿も獲ったらだめ」なんて、そんなばかな話はありません。その上に差別されて、アイヌ、アイヌとばかにされる。そんな筋合いないわ、「相手がたとえ差別したって、こっちは受け付けません」という強い気持ちを持てるようになったの。これは、ペウレ・ウタリの会に入ったから、できたことでした。

宇梶　勉強したおかげだね。

山本　そうでなかったら、何となくアイヌという劣等感を持ったまま、本別で誰かシャモの人と結婚して、普通に暮らしていたかもしれない。

宇梶　私なんかその典型。

山本　私は、「差別される筋合いないわ」と思って、言いたいこと言って、やりたいことやって生きてきたから、アイヌでよかったし、アイヌで幸せな人生を送っています。

宇梶　都会で暮らしていると、今の時代は世の中がすさんでいて、格好ばかりつけて、魂があるようなないような、そんな感じがするんです。そして、こんな荒れた世の中を救えるのはアイヌしかいないって、うまい言葉を聞いたりもします。

これからの世の中はどうなるのか、アイヌはこれからどうやって生きていったらいいのか、山本さんが考えていることを聞きたい。

山本　私は、『アイヌ』という言葉が悪口でない」ということを、日本中の人に知ってもらいたいと思います。「アイヌ」というのは、アイヌ語で「人間」という意味だから、悪口では決してないということ。それが一番大事だと思います。

今、「アイヌの生活をよくするための、アイヌ新法をつくれ」という運動があります。それも大事だけれど、アイヌが土地を奪われ、言葉を奪われ、先祖たちが悲惨な生活をしてきたということを、もっと世間に正しく知らせないと、歴史を知らない和人から、「生活向上のためにいろいろやってやった」「なんでアイヌがそんなに優遇されるんだ」という不満が、きっと出てくるでしょう。そうするとまた違う差別が、そこから生まれる心配があります。だから、「なぜ、アイヌは救済してもらう必要があるのか」という根本的な理由を、ちゃんと知ってもらわないといけないと思います。ほんとに歴史を知らないからね。

一人が木を一本植えよう

宇梶　今年の夏の東京は、外に出ると、五分もいられないぐらい暑い。気候変動で、「モシリ(土地)に爆発が起こって」「カムイが怒ってるんじゃないか」と思っていたんです。この自然の異変に対して、どう感じていますか。このままでは、世の中どうなるんだべ、と不安になる。暑くて、扇風機なんかじゃ、熱中症で死にそうになる。

山本 今年は東京の方はひどかったみたいだね。北海道は、昼間は暑くても、夜涼しいから。

宇梶 この前、「札幌はストーブ焚いてんだよ」と言われた。北海道で、地震もあったべさ。昔から誰も手を付けないようなところに、家を建てる。山の木を切って、草みたいな木を植えたら、崩れてくる。そういう現象については、考えない?

山本 私は安全なところに住んでいるような気がしています。雌阿寒、雄阿寒が爆発したらわからないけれど……。灰が降ってくるかもしれないので。温暖化と騒がれているけれど、冬の阿寒湖は寒いから、温暖化ってどこの話だろうと思うんですよ。学者じゃないからわからないけれど。テレビで見たら、南極の氷が崩れていたけれども。

宇梶 カムイノミして、「ワッカウシカムイ、アペフチカムイ（水のカムイ、火のカムイ）」ってお祈りする。レラカムイ（風のカムイ）、カンナカムイ（雷のカムイ）とお祈りする。海も山も、大地も、何十年という長い間、収穫を上げるために毒をまかれてきました。海が泥沼になってしまうんじゃないか、という危機感をみんなが持たないと、この地球をつくったカムイに申しわけないと、私は常に思っています。

今、和人の集会に行くと、「心にでもいいから、木を一本植えよう」「一人が一本の木を植えよう」と話すようにしています。六人家族なら、木が六本植わる。人に会うと、「木を植えよう。木というのはこういう働きをするんだよ」と話します。木を一本植える運動です。

このごろは、多くの和人たちも危機感を感じています。畑の草も野菜もこじけ（萎れ）ちゃって、おかしくなっているでしょう。それなのに、さらに農薬をまいているから、私たちは薬や毒を買って飲んだり、食べたりしているみたいです。

そういう世の中だから、みんなで今、木を植えて、水をきれいにして、カムイにお礼をしようという運動をしているんです。水をきれいにしないと、カムイに悪いじゃないかと。「木を一本植えるつもりでいなさい」と言うと、みんな嫌とは言いません。「そうでないと、地球に悪いと思わない？　宇宙に悪いと思わない？」「そうだね」と言ってくれます。

山本　阿寒湖は自然の中にあるから、木はあるかな。

宇梶　六〇年前、この辺りは木ばっかりだったけれど、今はそんなに木が見えないよ。

阿寒にはすごい木があるなと思っていたけれど、そういう木がなくなっている。家が建って、阿寒の村が街になった。この辺のチセの周りも、今はすっかり街になっています。大きい木から切り倒すから、水もきれいになれない。北海道は寒いからと言わないで、阿寒にも木を植えてね。

（聞き手・藤原良雄）

（二〇一八年十月　於・阿寒湖温泉）

三　アイヌの歌、踊り、食、そして言葉

［原田公久枝さんとの対話］

原田公久枝《きくえ》　一九六七年、北海道河西郡芽室町出身。五歳頃から帯広カムイトゥウポポ保存会で、祖母・加藤なみえ等に歌と踊りを習う。二〇〇八年から北海道大学アイヌ・先住民研究センター研究員に。十勝アイヌの歌と踊りを伝承する「フンペシスターズ」で活動中。さまざまな生きづらさ

を抱える人たちの思いをつづる場として、フリーペーパー「RUYKA ITAK（ルイカ イタク）」を発刊。

楽しい歌と踊り

宇梶　私はよく「活動家」と紹介されますけれど、ある時、「活動家というのはスポンサーにお金を出してもらって啓蒙活動をするんだ」と言われました。私は、誰からもお金を出してもらっていませんし、公久枝さんも活動家と言われることがあると思いますが、それよりも文化の伝承者としてあちこちを歩いていると思います。

原田　歌や踊りを習い始めたのは、五歳の時です。アイヌ語は習っていません。ばあちゃんは「アイヌ語はできない」って嘘を言っていました。アイヌ語なんて習っても意味がないみたいな話でしたが、「歌と踊りは、ばあちゃんも知ってるから教えられるよ」と言われて、お母ちゃんと一緒に習いました。習うことは大好きでした。

宇梶　子どもは歌や踊りが好きだから、自然にアイヌの文化になじんできたわけだね。でも、学校に行ったら嫌な思いをしたわけですね。

原田 私は、「みんなが歌って踊ってるんだ」と思って、小学校に上がりました。弟の面倒を見なくてはいけなかったから、私は幼稚園や保育所に行っていませんでした。小学校で初めて、部落じゃない子どもたちと一緒になった時に、「アイヌ」と指差されました。私はアイヌが何だかわからなくて、「はっ？」って感じでした。みんなが歌いも踊りもしてないのを聞いて、「えっ？」って。「あんな楽しいこと、なんでしないの」って思ったら、「おまえ、アイヌだからそんなことやってんだべや」って言われました。それで初めて、「ああ、アイヌしか歌ったり踊ったりしないんだ」と思ったのが、小学校一年生の時でした。

宇梶 それで踊りが嫌いになったわけじゃないんでしょう。

原田 全然そんなことは。踊りはすごく楽しいから。やりたいと思った。

宇梶 歌や踊りの保存会ができていたんでしょう。

原田 そうそう。「帯広カムイとウウポポ保存会」は、最初は愛好会でした。それを始めたのがうちのばあちゃんだった。お母ちゃんが四十歳ぐらいになると、子どもも手がかからなくなって、「自分もきちんと歌や踊りを習い直したい」と言ったの。お母ちゃんは弟をおんぶして、五〇ccのスーパーカブに乗って、私は後ろでお母ちゃんにしがみついて、隣町のばあちゃんのところまで習いに通っていました。

イフンケ（子守唄）の思い出

宇梶 「イフンケ（子守唄）」というのはどう？

原田 イフンケ、聞いてます。

宇梶 ちょっと歌ってもらえない？

原田 うちのイフンケは、三種類ぐらいあるんです。ばあさんによって違うんです。一番好きなのが、三番目のばあちゃん、ユキコばあさんのイフンケです。

［歌♪］の繰り返しです。

宇梶 きれいな声だね。

原田 ありがとうございます。

宇梶 どういう意味なの。

原田 日本の子守唄と一緒で、「坊や　よい子だ　寝んねしな」みたいな、お母さんが子どもを寝かしつける時に歌う、普通の子守唄です。

これに、「歌♪」と付くのが、「帯広カムイとウウポポ保存会」をつくったナミエばあちゃんの子守唄です。

鵡川の方の、サダおばさんのは、最後に「ホロロ……………」と付く。この歌は「ホロロセ」って、鶴の声みたいなんだけど。一人一人のばあさんが、一つ一つ子守唄を持っているみたいなもんで、同じ歌を歌わなかった。わしの子守唄はこうだ、わしのイフンケはこうだ、って。

宇梶　私の母が子どもを抱っこしているのは、おっぱいを飲ませてる時。その時に歌っているのを見たことがない。歌は、おんぶしながら、仕事しながら、歌っていたかな。他のおばさんの歌は知らないけれど、「歌♪」って、こんな繰り返し。「アルラッサ、オッホホオ」ね。アイヌ語で歌っていたから、何を言っているか、わからなかった。

八歳下の弟を、母の背中におんぶさせる時、着物を脱がせておしめだけにして、裸になった弟を母の肌に直におんぶさせて、着物を着せた。母はその時、仕事しながら、「アルラッサ、オッホホオ」と繰り返し歌っていたから、覚えているの。「オルル……」というのも覚えています。「ホロロセ」は、みんなまねするんだけど、なかなかできないんだよって言っていますね。

「ホロロロ……」とか言うと、私をいじめていた人たちは睨《にら》んでいたけれど、構うもんかと思って、一緒に踊ったりしました。私は子どもの時には教わらなかったけれど、母親がたまたま生活の中で子守唄を歌っていたから、覚えていました。

昔話も、アイヌ語をお互いに話す年代のおばさんが泊まり込みで遊びに来たりすると、「イソイタッキ（民話）」して、とお互いに言うわけです。そして、すぐ始まります。「ネコンダノカイ、コンダーノ」としか言えないんだけど。こういうリズムで、物語していたんだけど、私らはそれを受け継げなかった。「アイヌ語を話したら罰せられる」、「和人の言葉を覚えて、和人の中で生きていかないと後れをとる」とか、さまざまな考えが親の中にあったからだと思うけれど。それで、アイヌに生まれながらアイヌ文化を知ることができなかった。

豊かな食べもの

宇梶　それでも、私のころはまだ、刺青をしたおばあちゃんが出入りしたり、ひげを生やしたおじいさんが村を歩いたりしていました。子どもは和人の生活とアイヌの生活を区別できないけれど、自然に見分けていったように思うんです。

具の少ないおみおつけを作ると、うちの父ちゃんに「シャモのおつけだ」と怒られました。「アイヌのおつけは具だくさんで、シャモのおつけは目ん玉が映るような、具のないおみおつけだ」って。和人とアイヌの生活、食文化の差みたいなのが、そういう言葉に感じられたりして育ったものです。

原田さんは山育ちだから、海で海藻やウニを獲ったことはないでしょうけれど、山ではどんな食べ物を採集したんですか。

原田　うちはお母ちゃんがすごく働き者で、全部やってくれちゃってたから、山でどういうものが採れるとかを全く知らずに育ちました。アイヌらしい食べ物といったら、ムニニイモ（芋の一種）団子、このへんだとペネイモというのかな。お母ちゃんが毎年、樽で一〇も二〇も作って、干していました。

宇梶　うん、イモ団子、イモシト（シトは団子）ね。私らは畑でイモを掘って、小さいのを残しておく。雪が解けると、土の上に出てくるイモは身が締まってて、皮ががばがばになっているから、それをきれいに洗って皮を剝《む》くと、そのまま使える。それを臼《うす》でついて団子にして食べるんだけど、うまかった。

原田 うまい、うまい。イモのにおいをとらないように、水をあまり替えない方がおいしいって、ばあちゃんはよく言ってました。

宇梶 そうだよね。私らは、囲炉裏があったから、その火の下の灰をのけて、そこに葉っぱに包んで、インドのナンみたいにして食べました。ふっくらといいにおいがしてくるんだわ。それを一枚一枚、母が子どもに配ってくれて、それがおやつだったね。

外へ出れば、家がたくさんあるわけじゃなし、野草がいっぱいあった。プクサキナ（ニリンソウ）や、敷き物にするキナ。プクサは草のこと。白い花が、敷いたみたいに咲いていました。

みんながギョウジャネギって言う「ギョウジャニンニク」。これは、行者さんが山で食べて修行したということらしいけど、私らのギョウジャニンニクのことを、シャモはアイヌネギって変な名前を付けたんだ。うちの親たちは、このギョウジャニンニク、「キト」を、「プクサ」と言っていました。最初に食べるのはプクサみたいだった。

「ヤチブキ採って来い」と言われて、田んぼ伝いに五分くらい走っていくと、水がちょろちょろ山から流れてるところに、ヤチブキが生えています。周りの草はあまりない時期で、ヤチブキを川で洗って母ちゃんに渡すと、切っておみおつけに入れたり、おひたしにしたりしていました。そういう思い出があるけれど、あんたたちはそういう思い出がないんだよね。電気の時代に生まれているから。

肉が手に入れば、肉を茹《ゆ》でて燻製にしました。串刺しにして干しておけば、食べ物がなくなった時には干し肉をとって料理してくれたり、そのまま食べたりした。トレップ（ウバユリ）をイモ団子みたいにして、焼いて食べたこともあった。これは主食ではなくて、アイヌの子どものおやつ文化です。

生活の中で親たちがそういうアイヌプリ（アイヌの生き方）をやってくれていたんです。あなたの中にも入ってると思うけれど、ラタシケプ（混ぜ煮）とかはやった？

原田　うちはトウキビを臼で挽《ひ》いたやつと、豆とを甘く煮たもの、本当のアイヌの料理だと甘くないらしいけれど、それがご飯のおかずだったね。

宇梶　米の粉で練らなかった？

原田　米の粉はやったことがない。

宇梶　ああそう。うちでは、ラタシケプに米の粉を入れて、混ぜ物にしてた。カボチャを入れたり、いろんなものを入れていたね。あの苦いシケレペ（木の実の一種）、「苦い」と言うと「薬なんだから」と怒られました。

あとはジャガイモのサラダにキュウリを刻んで入れて、サケが獲れるころは筋子やイクラを入れて、毎日サラダを作ってました。イクラが続くと、「また？」と言っては怒られてた。今だったら、イクラのサラダといったらすごく喜ばれるのに。

アイヌを少しでも知ってもらうこと

宇梶　食べものはこれくらいにして、これからどうしたらいいかを、まとめにします。

原田　これからどうしたらいいかは、実は、手探り状態でわからないんです。アイヌというだけで面倒くさくて、苦しい。だから本当は、アイヌということを表明もしたくないし、日本人に混じって、日本人になれるならそっちの方が楽なんじゃないかな、と思うところも、正直あります。でも、アイヌはどこまで行ってもアイヌだし、両親ともアイヌだ

し、アイヌらしい風貌なので、隠すこともできない。だから、アイヌのことを知らない人たちに、これからもっとよいものとして知ってもらうために、私自身がよいアイヌでいて、「アイヌっていいものなんですよ」と伝えて、きちんとアイヌのことをやっていかなければって思っています。歩みはとても遅いと思うけれど、知ってもらう第一歩は、そこからしかないのかなと思いながら、微力ですけれども、やっていきます。

宇梶 私は、アイヌに生まれながら、本当のアイヌのルーツを知らなかった。知らないで、聞く暇もなく育ってしまって、なぜいじめられて、なぜアイヌは縮こまっているのか、悔しくてしょうがなかった。そのもとを知りたくて、探って、探って、何十年も経ちました。いろんな和人たちがアイヌのことを書いているけれど、さっぱりつかめなかった。

北海道新聞の小坂洋右さんが書かれているのを読むと、カムチャツカのずっと奥の方からロシア人が南下して、アイヌの生活を脅かしていった、と。ロシアが南下して、ラッコの皮を獲るためにアイヌを利用したり、奴隷にしたり、殺したりしたけれど、ロシアにはエカテリーナという女帝がいて、やっと〝アイヌをいじめるのをやめなさい〟と言ったこと、和人が北海道に入り込んで、アイヌは松前藩にいじめられたことなどが書いてありました。「アイヌを皆殺しにしよう」ということもあったけれど、心ある和人たちが「それをやっては世界の恥になる。アイヌを殺すのはやめよう」とストップをかけたお陰で、私たちはこうやって生きながらえたと思います。

学んで、恐ろしいことを知っていくわけです。恐いけれど、アイヌはなんでいじめられているのか、いい文化がなんで置き去りにされるのかということを、本を読んで知っていこうじゃないかと思いました。それで、本を買ったり、カンパしてもらったりして、何十人かに本を配ったこともありました。でも、本を読みたくない、読まないという人が多かった。それが、私は悲しかった。

自分のルーツを知ったら元気になるんだよ、本当の勇気が出るんだよと言いたいですね。これが、私のまとめの言葉です。ありがとうございました。今日、ここまで来てくれて感謝しています。うれしいです。

原田　私こそ、とてもうれしいです。ありがとうございました。

（二〇一九年六月　於・様似）

四　イルカと鯨と、わがアイヌ人生　［畠山敏さんに聞く］

畠山敏　紋別アイヌ協会会長。イルカ漁のほか、日本中を訪ね歩き、鯨の歴史を研究。アイヌ伝統捕鯨の復活に取り組む。

イルカ漁との出合い

宇梶　私は子どものころ、夏は浜で昆布採りはしてましたけど、鯨やイルカのことは全然わからないんです。今日は教えてもらいに来ました。

畠山　私は、元紋別の、昔アイヌコタンだったところに生まれ、姉が二人、兄が二人、五番目の三男坊でした。それがどういうわけか、親の跡を継いで漁をするようになりました。流氷の季節は紋別では漁ができず、五、六カ月の漁では商売にならない。十二ヶ月まるまる操業をしたかったんです。だから冬の間は三陸とか、そちらまで行っていました。

最初、俺がやったのは、ナメカワとかアカガレイをとる刺し網だった。そこに副産物として毛ガニがかかった。朝になったら、どのぐらい水揚げしたか、みんなの情報が入るんです。俺はちょっと少なめだなと思ったら、むかむか来て、陸になんかいられない方でね。それでまた別な網を積んで。

今年の八月末から九月の初め、川の色が変わるといったら言い過ぎだけど、すぐそこの川を、マスが赤くなって上っていきましたね。

紋別には、時たまイルカ船が入ってきていました。沖合が時化《しけ》てくると、避難のために紋別に入ってくるんです。そういうイルカ船は、イルカを満載していました。腹を割いて、氷を腹さ入れて、船倉に並べていくんです。腹の中を洗うと、真っ赤な血が体から出てくる。イルカの尻尾にロープやワイヤーをかけて、トラックに積み込む。船にトレーラーを横づけして、水揚げしていました。そのトレーラーが岩手、釜石まで行っていたんです。「イルカ獲って、岩手の人方はどうするのかな」と思いました。

イルカは、芸をしたり、魚より血が濃いというのか、最初はそういう感じがあって、イルカ漁を、ちょっと気持ち悪い、嫌なものを獲っているなと思いながら見ていました。そのうちに、岩手の船が、なんでこのオホーツク海まで来てイルカ漁をやるんだ、ここのイルカはこの地先《ちさき》の資源じゃないかという考えになってきました。イルカも、スケソウタラと同じで、オホーツク海の資源じゃないか、岩手の人方が来て獲るのは何事なんだ、という具合でした。見ている間に、気持ち悪い、嫌だ、かわいそうだと言ってられねえ、オホーツク海の資源だから、自分で漁をやるべきじゃないかという具合に、だんだん考えが変わっていったんです。

それで、その人方の仕事が終わったころ、そのイルカ船さ入って、「獲るところからすべて見たいんですが」と聞いて、「イルカ船は五月の連休に大畑港に入るよ」と言うから、大畑まで車で行きました。大畑さ行って、四、五日漁をしたらもう満船状態になったので、「今日で漁終わって、これから釜石まで行って水揚げする」と親方が言うので、「俺はこれで降ります」と言ったら、親方に「何言ってるんだ、中途半端だ。市場から全部見ていかなかったら、意味ないじゃないか」と言われました。

何だかんだ話をして、「技術導入をしたい」と言ったら、船に何千万と経費をかけても上手くはいかない、「沿岸漁師は自分の体で覚えなくちゃ。自分の体で覚える気がなかったら、もう帰んなさい」とまで言われました。それで「ようしわかった、自分で覚えてやろう」という気持ちになって、「親方、すみませんでした。またお願いします」と言って、仕事も含めて、心のトレーニングなどいろんなことを経験しました。

イルカに踊らされないように

畠山　イルカ漁は、非常に難しい。イルカが集団で船に寄って来ると、自分の気持ちが踊らされる、舞い上がっちゃう。イルカにちょされちゃってる（からかわれている）わけさ。だから一匹、二匹、三匹ぐらいが船に付いている時は獲りやすいんだけれど、いっぱい付かれると、いくら投げてもイルカに当たらない。

こんな気持ちではイルカが獲れないって、道具を船にまた載《の》っけて、うーんと腕組んで座って考える。イルカに踊らされているわけだから、どうやったら気持ちを落ちつけられるかなって。

俺は、四十歳を過ぎてから、神さま、仏さんさ手を合わせるようになったんだ。うちのおっかあは、親の代から神さまや仏さんや竜神さんを床の間に置いていた。正月も、みんなでお参りしてからご飯を食べていた。「あんた、正月ぐらい手を合わしたらどうなの」とおっかあに言われたけれど、「そんなの手を合わして何になるよ。罐《かま》を生かすも潰すも俺の考え一つだべ」といばっていたね。

何年かして、サンマ漁に行った時、漏電で船火事に遭ったわけさ。船火事に遭った船は、俺の一番最初の船で、木の船だった。中古船で、古い船だったから、配線が目まぐるしくあって、漏電がどこで、どこから火が出たのかわからなかった。曳航されながら、焼けた線をみんなペンチで切って。海上保安庁も「原因がわからない」と言ってました。海の裁判所、函館の海難審判所から呼び出しがかかって行ったら、「原因がわからないものについては、処罰の対象にならない」「人的なことは一切発生しなかったから、今回はこれで終わらせます」ということで、無罪放免になりました。

審判所の帰りに、焼けた船の船霊さんの供養をする人が札幌にいると聞いていたから、「どんなことであれ、人に迷惑はかけられない」という思いで、その人に「どうしたら自分で供養できるんだ」と尋ねました。そうしたら、「こういうとこさ寄って来い」と教えてくれたところで、初めて手を合わせることを学んだんだ。

それからは、自分の気持ちを落ちつけるために、仏さんの言葉を唱えるようにしていま
す。だから、竿持って、「よし、これだな」と思って立ち上がっても、気持ちが落ちつい
ていて、イルカに踊らされなくなったわけよ。

宇梶　相当な修業、仕留めるまでの葛藤があるんですね。

畠山　はい。海って青いですよね、みんなのイメージはね。白い海って言っても誰もわからないと思うんだけど、荒れて、海が泡で真っ白になるという経験を、今まで何回もしてきたね。現役を退くまで、いざというときは、沖どまりしながら操業していました。

宇梶　イルカは賢いんでしょう。

畠山　賢いのか、ばかなのか、好奇心が旺盛なんだね。だから朝出て知床さ向かって、今日は晩までに紋別さ帰るって時は、昼ごろになったらバックするんです。朝獲ったところで、その魚群《なむら》にぶつけるわけね。そうしたら、また船にイルカが付くんですよ。同じイルカの塊だと思うけど、仲間が殺されても、また帰りになれば、船さ付いて来るから、イルカはどこまで賢いのかな。

――今は、イルカ漁というのは基本的には禁止されているんですか。

畠山　禁止じゃないです。俺が漁をやめるまでは、漁獲枠があって。

――鯨はどうですか。

畠山　イルカ漁をやっていて、波のいい時に鯨が見えない日はないんです。イルカは船だけでなくて鯨にも付く。鯨は二〇数年、獲っていました。現役を退いて二年経ちます。

土地、漁……アイヌの権利は奪われたまま

宇梶　アイヌがもともとやっていた漁を、和人がやるなと言ったのね。

畠山　一番言いたいのは、アイヌに権利を返してくれということです。もともと、すぐそこの川まで行く道路から浜手側に、アイヌコタンがありました。海岸のそばで、海が時化ると波が入って、玄関前まで波が来るから危険だということで、市から移転させられたのが、ここです。

すぐ近くがアイヌの土葬の場所で、古い遺骨が出ました。それから食糧難の時代、おふくろが鍬で土地を起こすと、木の根っこがある。それをある程度耕して、芋やカボチャの種を蒔いたところがあります。

法務局に行って調べたら、戦後まもなく、その畑やアイヌの土葬の土地が、「法務大臣の命により市有地とする」ってありました。いつの間にか全部市有地になったというんだ。コタンがあったところは、国有地になっている。死んだ父親に「なんで市有地、国有地になってる、いつからなったの」と聞いたけれど、「わからない」と言うんですね。

当時は「アイヌには土地を一坪も付与しない」ことになっていて、どの程度の土地かわからんけれども、「和人にはいくらで売る」と書いた官僚の文書を、今年、札幌の人が見つけてくれました。紋別に、名誉市民として銅像が建っている、何十町歩もある大地主がいました。アイヌが住んでいたところはいつの間にか全部国有地、さらに「アイヌには土地を付与しない」。和人が北海道を侵略して来たんだから、アイヌに住む場所を分けてくれてもいいじゃないですか。全部国有地にして、和人には払い下げて、そういうことが和人社会になされてきたことだ。さらに狩猟権も採集権も、アイヌは全部の権利を奪われた。

コタン部落があった紋別川のあたりは、磯わらで昆布とか海藻が豊富だった。春には、昆布とか、すし屋でのり巻きにするようなフノリが付いていました。ノリが終わると、ホトケノミミという、人間の耳みたいな感じでぽこぽことなっている海藻が出て、これをよく味噌汁に入れたもんだ。ところがその磯わらを、港の開発で壊しちゃった。今、住友発電所があります。

昔私がいたところも、海が時化ると波が上がるからと移住させられた。移住先は倉庫を建てるところがなかったけど、自宅のそばにどうしても倉庫が欲しかった。「一キロぐらい先の、川の向こうにある市の土地に、倉庫を持っていってくれないか」と言われたけど、自宅からそんなに遠く離れたところに倉庫があっても、話にならん。こういうもので鯨をとっていたという道具を、倉庫においてあるけど。

我々の先祖が寝ていた土地であれば、先祖は俺に悪さはしないだろうと、遺骨を掘ってもらいました。そして近くに倉庫をつくった。だけど、罰が当たったのかわからんけれど、自宅がすっかり燃えちゃって。倉庫だけは残りました。

宇梶　大きい家だったってね。

畠山　その家がなくなった。いや、俺もいろいろあり過ぎてね。何かガスか、鍋のものが焦げて、火がついたみたいだったね。

アイヌ捕鯨の足跡を追う

宇梶 アイヌは狩猟を禁止されてるでしょう。そのことを今、あなたが盛んに訴えてるのね。

畠山 「狩猟権や採集権、アイヌから奪った権利を返してくれ」ってね。アイヌ捕鯨について、昔は北海道じゅうで鯨を獲ったことを調べた、岩崎まさみ先生（北海学園大学）と野本正博さん（アイヌ民族博物館元館長）の『アイヌ民族クジラ利用文化の足跡をたどる』（北海学園大学人文学会、二〇〇二年）という本があります。『北海道新聞』にも紹介が出ました。和人の捕鯨は、和歌山のような網とり捕鯨。アイヌは、銛にトリカブトをつけて投げて獲ります。あとは寄り鯨、座礁したりした鯨ね。

宇梶 権利回復は実現したいよね。

畠山 そう、俺はこれが実現しないことにはいられない。紋別には隠れアイヌがたくさんいます。俺も子どもの時からアイヌということでいじめられてきたから、五十二、三歳まではアイヌが大嫌いだった。劣等感の塊でね。二〇一〇年に名古屋で、ＣＯＰ10の関連の集まりで話したけど。

宇梶　そう。私、それを聞いて、驚いて、すごいなと思って、それであなたに近付いたわけ。しゃべってる時、初心という感じがしたからね。この人、アイヌやったばかりだな、と思うようなしゃべり方だった。

畠山　にわかアイヌでね。

宇梶　でも実感がこもっていた。だから信頼できる人だ、これはいいアイヌだと私は思ったの。

畠山　子どものころは、和人が二、三人集まれば、即アイヌいじめ。それがあって、今の言葉で格好よく言えば登校拒否で、学校に行きたくないから中学二年でやめた。「もう学校なんかに来てたまるもんか」と思ってね。

宇梶　あなたの時代もそんなにいじめがあったの。

畠山　あった、あった。十二、三人くらいの元紋別の小学校から、南が丘の中学校へ行ったら、全校生徒一二〇〇〜一三〇〇人、一年生だけで四百人ぐらいいたんでねえべか。一対一なら喧嘩でもそんなに負けなかったけど、向こうは二人、三人でかかってくるんだよ。

五　天地をひらくアイヌ力《ぢから》

［石井ポンペさん、島田あけみさんとの座談］

（聞き手・藤原良雄）

（二〇一八年十月　於・畠山邸）

石井ポンペ　一九四五年、北海道勇払郡穂別町イナエップ生まれ。両親との暮らしの中から、野山や動植物について体験を通して学ぶ。ムックリ、トンコリの演奏、木工等のアイヌ民族文化継承者。サッポロピリカコタン（札幌市アイヌ文化交流センター）元職員。「原住・アイヌ民族の権利を取り戻すウコチャランケの会」代表、札幌郷土を語る会世話人。アイヌ民族の権利回復に向けた運動を続ける。一九九二年にサハリンを訪問し、サハリンアイヌ、北方諸民族とも交流する。北海道札幌市在住。

島田あけみ　チャシ・アン・カラの会代表、アオテアロア・アイヌモシリ交流プログラム実行委員会代表。首都圏でアイヌの文化復興や誇りの回復を目指して活動。二〇一二年、ニュージーランド先住民族マオリの取り組みから学び、次世代のアイヌのリーダーを育成するアオテアロア・アイヌモシリ交流プログラム実行委員会を結成し、これまで二回、アイヌ代表団を率いてニュージーランドを訪れる。同胞が集う場を作ることをめざすチャシ・アン・カラの会で、毎年アイヌ感謝祭を開催。神奈川在住。

みんなで力を出し合う

島田　みなさん、年寄りアイヌ三人です。中心にいるのが宇梶静江、まだまだ若いです。十七歳かもしれないです（笑）。これからアイヌ力について話をしたいと思います。まずは石井ポンペさん、北海道から大変でした。どうですか、アイヌ力とはどんなものでしょうか。

石井　あけみさんが、このアイヌ力を言ってくれて、私は安心していますけれども、まだまだ安心できないんですよ。私たちはまだ先住権がないし、さらに狩猟権もない。サケ一本とっても逮捕される、こういうことを、いま日本の政府がやっています。これを取っ払わないと、アイヌ力は出ない。私たちは、狩猟採集を自分たちでちゃんとできるようにやっていきたいと思います。

島田　ポンペさん、また後でお話をしていただきたいと思います。それでは宇梶静江さん、アイヌ力とはどういう力でしょうか。

宇梶　四〜五年、藤原書店さんのお世話になって、出ない力を「出せよ」と励まされてまいりました。藤原良雄社長さんは、この今の世の中では、アイヌはまだまだ力が足りないんじゃないか、このままでは大切なものも見えてこないんじゃないか、そう考えられるようになりましたようですね。

私の自伝『大地よ！』が出来上がったころでしょうか、「アイヌ力を表現する」とか、社長さんがしきりに「アイヌ力」とおっしゃるんです。それで私は、その「アイヌ力」という言葉を盗んじゃったんです。そうして、短いですけれど詩「アイヌ力よ！」ができたんです。ですから、一人で何か考えて、一人で何かをするということも必要かもしれませんけども、みんなで力を出し合うと世界が変わるということもあるんですね。アイヌ力が、世界を変える。「世の中が変わる」というか、「世界が変わる」。

島田 すばらしい詩です。

なぜ若いアイヌは力を出せないか

島田 アイヌ力ってどこから出るの?と。みなさん、アイヌってどんなものか、わかりますか? なかなか難しいですね。アイヌは、自分たちが何者であるかを、あまり語りません。なぜなら、それが差別につながるからです。苦しい中を生きてきた先祖が頑張って、今なお歯を食いしばって、どこの空にいるのかわかりませんが、暮らしています。

その「アイヌ」に向き合って、静江さんは常に前向きに、一生懸命努力して、アイヌを知ってもらおうと、いろんなところをめぐって歩いて、日本中はもちろん、この前はハワイまで行って交流する。そんなすばらしいアイヌがいるということを、私は誇りに思います。「やらないで何を言ってるんだ!」と言われるぐらい、静江さんはやっています。前を向いて、できることはやらなくてはと思っています。勉強もしています。いろんな本を読んで、伝えようと努力しているんです。

ですが、若いアイヌ、私たちが、そこまで勉強できないのはなぜなのか。自分たちの「アイヌ」に、自信がないからです。その力を、今ここで、静江さんやポンペさんからいただけたら、私は幸せなことだと思います。ポンペさん、お願いします。

石井 アイヌの力を出すというのは、今しかないと思っています。私たちは、明治以前は、天真爛漫な土地で、何一つ不自由なく生活をしてたんです。ところが明治以降、土地を奪われ、言葉を廃止され、さらに文化を禁止され、そして戸籍法を改良されて、戸籍は「旧土人」と残ったんです。そのために私たちはどこの募集を受けに行っても、「何だ、アイヌじゃないか」と仕事をもらえない。本当に困った世の中だと思います。早く変えていきたいと思っています。

つい先日は、北海道議員が私たちにヘイトスピーチをやりました。アイヌに甘くしちゃだめだと。このことについて、私は宇梶先生たちと一緒に道議会に行って訴えて、そして集会を持とうとしております。これが私たちのアイヌ力です。今日初めて、島田さん、宇

梶先生から、アイヌ力というのを聞かせてもらいました。

島田　新聞などで「アイヌを甘やかすな」と言っていますが、日本政府がアイヌを抑えている。甘やかしではなく、抑え込みです。アイヌが自ら前に進もうとするところを、少しのおいしいものを渡して、それ以上はだめだと言う。何とも心に刺さるというか、私はそんなのを欲しいんじゃない、違うものを出しなさい、と言いたくなります。

静江さんが行動しているところを、いつも見ているんですが、私はそんなに行動をしていない。なぜなら自信がないからです。その中で静江さんたちお年寄りが頑張って、いろいろ考えてくれています。そこを私たちが、きちんと見直さなきゃいけない。

病気になったら死ぬしかない「ふるさと」

宇梶　ありがとう。話が飛んでしまうんですけれど、「ふるさと納税」という言葉がございますね。私の故郷から「ふるさと納税にカンパしてください」というパンフレットが届きます。故郷というのは大切なところで、ルーツだと思うんですけれども、パンフレットを見ると、私は納税できません。私の故郷は和人の故郷になってしまっています。和人が何をした、何の産業をした、和人がこういう活動している、こういうお祭りをしました——すばらしいパンフレットの文句なんです。その中で、アイヌはどこだろうかなと探すと、小さな囲みの中で「アイヌ文化を習いましょう」とか、ちょこっとしか書いていない。これが、私の置かれた実態です。

私が小さいとき、両親が健在で、きょうだいたちも私が故郷を出るまで健在でしたので、貧乏でありながら助け合ってきました。それだから、見えるものがあるんです。幼いころから大人になるまで見てきました。村では、病気になったら死ぬしかない、というような状況がずっと続いたんです。それでは和人たちはどうだったかなというと、ちゃんと医者にも行けるし、アイヌほどは死んでいない。人口の割合にすると、アイヌはどんどん死んでしまっている。戦後は生活保護ですか、役所から出る何かができましたが、戦前は、病気をしたり怪我をしたりしたら、死ぬしかなかった。その和人のすばらしいパンフレットを見ると、そういうことがずっと身にしみてくるんです。三千円、五千円、一万円ぐらい、絞り出したら納税できないわけではないんですけれども、それを見ると納税できないというかね。そんなつらさを私は感じています。それが、私たちがここにいる実態です。

ポンペさんは今日のために北海道から出てきてくれましたけれど、私と島田さんは東京へ来てお仕事を探して、高校でも大学でも、定時制でも行きたいと思ってたどり着いたものの、故郷からの仕送りはないし、自分たちで立ち上がるほどの経済力もありません。そんな状況で、この大都会でも、アイヌは立ち上がれないでいます。なぜなら、親の世代から学力を持てないと、この社会ではなかなか生きづらい。そういうことが、私たちの立ち上がれない根源になっています。親から離れて、大切な故郷の同胞たちも顧みることなく、東京で、大したこともできないでその日暮らしして。そんなことで、愚痴なんだけども、愚痴を言わなきゃ気が済まないと思って。私はそのパンフレットを見ると、ぞっとするんです。

それと、私が一番悲しいこと。家の周りに小さな小川が流れていました。それは、山から下りてくる水で、その水がとてもよくて、おいしくてね。その川のほとり、小さな水辺の石のところに、一〇センチぐらいの穴があいてるの。自然の穴みたいで。そこからきれいな水が音を立てて、こんこんと流れてくる。その流れてくるところに、小さな魚が泳いでいたり。子どものとき、そこに行って、いつも眺めてました。でも、農業を拡張するために、灌漑用に何メートルも土を掘って、私たちのところに水が流れなくなりました。私たちがワッカウシカムイ（水のカムイ）よと言って崇めて、水をいただいてきた川が、そのそばで小さな子どもを遊ばせてくれた優しい川が乾いて、もう悲しい。この乾きというのは、アイヌ文化の衰退をそのまま映し出していると考えると、これはとても大変なことです。嘆きばかり言いましたけれど、実態をしゃべらせてくださって、すみません。

都会のお葬式への違和感から「静江パワー」へ

島田　私の小さいときも、そんな感じがあったと思います。自分の中でそれが当たり前のような生活だったので、なかなか静江さんのようにいろんなことを考えて行動せず、自分はアイヌであることを隠そうとする、ただそれだけで静かに生きてきたような気がして、本当に心苦しいです。

私がアイヌのことをしたいと思ったのは、義理のお父さんが亡くなって、そのお葬式のときです。アイヌであれば、知り合いがたくさん来て、もちろん悲しみはあるんですが、飲んだり騒いだりするところもあって、そういう気持ちでお葬式に来るんですね。でも都会のお葬式は、何か違うと思ったんです。心で来るところが、そうではない、心ではない。つき合いというか。アイヌの場合はあっけらかんとして、来てくれてありがとうという気持ち。亡くなったことが悲しいだけでなくて、次のステップに行く、それがアイヌのお葬式だと思ったんです。つながりみたいなのを大事にする。

私は、こんな都会のお葬式は嫌だと思いました。これでは、私が死んでも、父親や母親に会えない。なぜかというと、自分がアイヌだと名乗っていないから。アイヌのことを考えて、アイヌのことをやらなくちゃ、と。

そのために何をするかと思ったときに、アイヌの着物をつくろうと思ったんです。アイヌの着物をつくって、死んだ母親や父親に見てもらおうと思って、八重洲のアイヌの文化センターに行きました。そこに宇梶静江さんが着物の先生でいたんです。そのときに初めて宇梶静江という人を見たんですが、私は、すごい人だとみんなから聞いているから、そういうすごい人にはあまり近づかないようにしてたんです。話しかけないように、話しかけられないように、努力をしたんです。刺繡教室では、先生は一番前でお話をするんですが、私は一番後ろなのに、一番後ろの私の横に座るんですよ。「横に座らないでください」

と言ったら「ここに座りたいんだ」と言う。「なんでここに座りたいんですか」って言ったら、「ここに座りたいから座ってるんだ」と言われて。

それがしばらく続いたんですが、その後に洞爺湖サミット（二〇〇八年）がありました。それにあわせた「先住民族サミット「アイヌモシリ」2008」に行くから、一緒に行ってほしい、その一週間、一緒に寝泊まりして、と言われました。それも断ったんです。「行きたくありません、無理です」と。でも、かれこれもう十七年ぐらい、静江さんとはつき合ってます。いろんなことを考えて前に進んで、どこからこの力が出てくるんだと思うぐらいの、すごい力がある人です。でも、私はそれを受けとめられないんです、速すぎて。こないだあっちだったのに、次はこっちなんですか、みたいな感じになって、ついていくのがやっとなんです。

ニュージーランドのマオリを訪ねたときも、静江さんつながりでした。二〇〇八年の先住民族サミットにはマオリなどいろんな国の先住民族が来ていて、二〇〇九年に初めてニュージーランドのマオリを訪ねました。私たちが訪ねると、その人たちは自分の先祖の話を延々とするんです。その話をした後に、自分の名前を言います。私はそんなアイヌを見たことがありません。自分たちの先祖を大事にして、前に進むことを考えなさい、自分ができることをやればいい――というのを、マオリの人に教わったんです。
宇梶静江つながりでマオリを訪ねたということで、私の中では、アイヌ力は少しずつですが、種になっていると思っています。ポンペさんはどうですか。

白子のサプリメント

石井 私も宇梶さんから力をもらっています。宇梶さんに言われて、いま白子を乾燥させて燻製しているんです。毎日毎日白子づくりをして、その白子と、白子づくりから力をもらっている。こういうふうな力が、エネルギーがどこから出てくるんだろうと思う。白子をつくってると、三時間、四時間立ちっ放しなんですね。家族と一緒に生活しておりますが、その白子のおかげで家の中もすっかり変わって、空気も変わって。

島田 静江さん、白子ってなんですか?

宇梶 今ポンペさんがいきなり白子の話をしたんですけども、白子というのはサケの内臓です。私は三十三歳ぐらいから難病にかかって、お医者さんに紹介されて、日本じゅうのお医者さんの大きいところを歩いたくらいなんですけど、お医者さんが全然見えない病気というのはあるんだそうですね。その難病にかかって苦しみながら、八十七歳になるまで頑張って生きております。

だから健康になりたいと思って、サプリメントを工夫して、自分の体を大切にしてきたんです。健康になれば仕事ができる、仕事をすれば小遣いが入ってくる、前に人参をぶら下げてるような感じですけど、そう思って。そして、アイヌの今では隠れてしまった文化の中に、自分の身近な、足元に、自分を助けてくれるものがたくさんあるということがわかってきました。その一つが白子です。

ポンペさんに頼んで、サケの白子を乾燥させてもらっています。今はマンション暮らしで、においがあっちゃいけないと言われるので、自分ではできないんです。それで生の白子を何とか仕入れて、ポンペさんに頼んで、北海道で乾燥させてもらっています。大変手を尽くしてくれてます。それを粉にしたサプリメントなんです。そういうことで、今、隠れていたアイヌのたくさんの大切なサプリメントを開発しています。

白子の他にも、薬草とか、たくさん隠れているアイヌ力があります。先住民が自然からいただいて生きてきたお薬です。「薬」という言葉を使ってはいけないらしいので、サプリメントと言っています。そういうものを体に入れて、生き永らえてきました。

「静江さんは八十七歳なのに若い」ってよく言われるんですね。だって母ちゃん、父ちゃんがくれた体を、少しでも残さないと悪いじゃないか。親がくれた顔をぐちゃぐちゃにしちゃいけないじゃないかと、ずっと思っています。私はいつも、母親の顔、父親の顔が目の前にあるんです。それが、「だめになっちゃいけない、あんなにつらい思いをしておまえを離したのに、おまえはつらい思いをして、つらい生き方しちゃいけないよ」と言っているように思いますので、たくさんのいろんな人の力を借りて、あれがいい、これがいいと言われると、働いてはそれを買って、自分の体に入れてということをしてきました。それでこのように若いわけです。

「静江さん、五年前に会った時よりも若くなった」って言われるけれど、五年前より若くなるわけないんだけれど、気をつけてはいます。先住民の力をいただいて気をつけるということで、みなさん、肝に銘じて、一緒に元気になろうね。私はこのとおり元気です。八十五を過ぎると、コトッと体力が落ちます。昔はしゃべるときなんか、もっと威勢があったんですよ。でも、声もだめになる。でもね、髪の毛も真っ白なんだけど、量が増えてきたんですよ。前は、髪の毛が少なくなったんで、櫛をさすと、スス〃と落ちちゃったんです。それが、櫛が止まるようになってきたんです。八十八歳になるおばあさんがこうなっている、これは先住民の力です。

島田　すみません、これ以上話をすると脱いでしまうかもしれませんので（笑）。危ないですね。気をつけてもらわないと。

魚の上がってこない川になった

島田　ポンペさんはどうですか、先住民族の力ということでは。

石井　子どものころは、私たちはペッ（川）で——大きい川でも小さい川でも、チェッポ（魚）がたくさんとれたんです。おばあちゃんが「さあ、川へ行くぞ」と、網とバケツを持っていきます。私の膝ぐらいの小さな川で、網を持っていると中にいっぱい入ります。「ばあちゃん、大きなものが上ってきたわ」、「それはアオダイショウだ」と言ってね、びっくりしてアオダイショウを投げたりして。陸に引っ張り上げた魚が逃げないように防波堤をすると、おばあちゃんに怒られるんです、「逃げる魚は逃がせ」と。「まだ残っている魚はどうするの」と聞くと、そういうのはパシクル（カラス）やチカップ（鳥）が上を飛んでいるし、チロヌンプ（キツネ）とかが来るから、そこに置いとけと言われました。ああ、なるほどなと。そういう知恵を持ったおばあちゃんでした。

私の子どものころは、そういう自然がいっぱいあったんです。それ以後は、どんどん森を切られ、カラマツをいっぱい植えられてすっかり変わっちゃって、それから魚も上ってこない。なぜかというと、田んぼにＤＤＴというアメリカの農薬をいっぱいやって、その水を川に流すんです。だから今では魚の上らない川になりました。私の故郷には、いま魚が上ってこないんです。それからあちこちに田んぼをつくるために、水を堰き止められて、川を上れないから、魚が上ってこない。こういう状態にずっとおかれています。

ムックリの祈り――娘・良子のメッセージ

島田　さて、ここに宇梶静江さんの娘さん、良子《りょうこ》さんがいます。よろしくお願いします。

宇梶良子　イランカラプテ。半分は母にもらった顔です。よろしくお願いします。何年か前、北海道の人を呼んで、手を取り合って、関東圏のアイヌウタリが集まって、オリンピックの開会式や閉会式に、声をかけられたらいつでも行けるように、歌や踊りの練習をやっていこうということになりました。そこで今まで一緒に一生懸命頑張ってきた仲間に対しての気持ちを込めて、それから祈りを込めて、「ムックリ」という鳴り物で表現させてもらえたらと思います。

ムックリは、小学生のときからやっています。大先輩のポンペさんと一緒に、この場所の浄化と、みなさんへの感謝の気持ち、祈りを込めて、演奏させていただきたいんです。（演奏）

島田　ありがとうございました。宇梶良子さんでした。宇梶静江はもう何十年、娘、良子さんにお世話になっています。お礼を言っても言い足りないぐらい、勝手なことばかりしてきました（笑）。今こうやってここに寄り添って、みなさんの浄化をしたいというこの娘の優しさというものは、すばらしいと思います。最後に、宇梶静江さん、話してください。

目の前にカムイがいる

宇梶　四―五年前には、私はこれで終わったと思っていたんですけども、藤原書店に力を貸していただいて、いろんなお勉強をさせていただきながら、言葉をいただきながらのこの間です。

私は、アイヌ問題をやるのに東京に来たわけではなくて、故郷を思う、先祖を思う、そういう流れの中できました。自分が難病になって、死というものを身近に感じたこともあります。子どもたちがまだ小さいころのことですから、子どもが二十歳になるまで生かしてくださいと、カムイにずっと祈ってきたんです。それが生かしてもらっている。

旦那が和人ですので、子どもたちには「おまえたちはアイヌの血を引いてるから、アイヌをやりなさい」と言ったことは一言もないんですけれども、子どもたちは自分で考えて、二人ともアイヌのことをやっています。島田さんに言わせると、どうしようもない母さんなんですけど、子どもたちが見守ってくれて。今年は五人目のひ孫が授かります。ここに来るまで見守ってくれた先祖のカムイ、それからずっと私のような者を支えてくれたたくさんのお友だち、その人方に心から感謝したいです。

私は二十代で二人の子どもを授かりました。そして三十代の後半でアイヌ問題を投げかけたんですけれど、子どもたちはこのわけのわからない母親を支えてくれて、大変だったと思います。その子どもたちがすくすくと学びながら育ってくれ、今はこうして孫やひ孫を授けてくれて、子どもたちに感謝しているし、これも先祖さんに報告したいと思います。私はいい子どもを授かりましたから、大事に孫、ひ孫と、そして末永く平和な国でありますように。

アイヌの祈りは、大地に祈り、天に祈り、風に祈ります。そういう祈りです。命を授けてくれ、守ってくれるものを大事にしましょう。空気をきれいにすれば、水のきれいにすれば、コロナさんも去っていきます。ですから山々をきれいにして、きれいな水をつくる考えを持って、みなさんと一緒にやっていけたらありがたいなと思っています。

今、この目の前に、ポンぺさんが立ててくれたイナウが、しゃんと立っています。カムイが目の前に立っています。

イナウは、神さまに言葉を捧げるためのカムイです。みなさんの神さまとして、私たちが敬っているということを、お受け取りいただきたいと思います。

（二〇二一年一月十九日　於・座　高円寺（東京））

六　今権利を取り戻さなければ、もう時はない　［石井ポンペさんの語り］

大切なことは父母から山で学んだ

石井　イランカラプテ（こんにちは）。私の故郷は、今いるこの萱野茂二風谷アイヌ資料館から、二風谷ダムの真向こう、山を二キロほど越えたところでありまして、そこで私は生まれて、この資料館が建つのも見ていました。

明治以前、私たちアイヌは何一つ不自由なく、川の恵み、森の恵み、そして海の恵みをいただいて、生活をしていました。各コタンはだいたい十世帯で固まって生活していました。

明治以降、アイヌ不在のもとで法律を作られ、日本人にあの手この手で土地を奪われ、言葉を奪われ、文化を禁止され、さらには狩猟採集まで禁止されてきました。まだ今でも日本社会は当時の法律を適用して、私たちを監視しながら、私たちを征伐しているのです。戸籍を変えられた明治四（一八七一）年、アイヌは日本人とされたけれども、戸籍には「旧土人」と書かれているんです。そのために当時の若者、私たちの先輩、兄貴たちは、なかなか就職できませんでした。私たちが若いころは、会社に行っても「旧土人、おまえアイヌだろう。うちはアイヌを使ってないよ」と言われて、仕事につけませんでした。

そして、日本の教育の中でアイヌのことはちゃんと教えられていません。だから、差別が巻き起こったんです。私が中学に行った時、「犬。アイヌ。アイヌくさい」。犬とアイヌを混ぜて、ばかにする声がどんどん出てきたんです。私は学校に行くのが嫌で嫌で、仕方なしに「学校行ってきます」と家を出て、川で魚を釣ったり、沼で貝を獲ったりして、「ただいま」と家に帰りました。母から「落第しないように、学校だけは行ってくれ」と言われていましたから、落第しないように一カ月に一回だけ学校に行って、昼から早引きして帰りました。何キロもの道のりを、秋には山ブドウやコクワをとって食べながら家に帰ったものです。秋はとても楽しみでした。山の実がいっぱい実っています。その時は、何一つ不自由しなかった。ただ、いじめにあっただけで。

でも、差別のことを、親たちは知っていたようです。「おまえ、明日から学校行くな」と言われました。私は「やった」と喜びました。そして次の日から、父や母たちと一緒に山仕事や、春になると山菜採りに行って、「春の山菜、これは食べられる」「これは食べられる草だ」「これは飲める、これは毒だよ」ということを学びました。森へ行くと父は、木の性質、「この木はどういうところに使う」ということや、木の名前、木の使い方を教えてくれました。

今、私は、その木の使い方を学んで、楽器を作りました。こういう楽器をセラ・ポンコリ（木の波。トンコリ、弦楽器）といいます。ここはオヒョウの皮です。二箇所を木で押さえています。五弦で、音を出しています。こういう楽器を持って世界中を歩いて、演奏をしたり、特におじいちゃん、おばあちゃんのいる老人ホームに行って演奏をしたりすると、みんな喜んでくれます。

アイヌの子守唄

石井　地方によって、アイヌ語にもいろいろな表現があります。私たちの村と、二風谷アイヌと鵡川《むかわ》のアイヌ、そして千歳《ちとせ》のアイヌ、蘭越《らんこし》のアイヌは、言葉もほとんど共通しています。それはなぜかというと、サルンクル、ムカワンクル、ホベツンクル、そして蘭越コタン、この四つのコタン内のアイヌ間で結婚が行われたからです。歌も、イフンケ（民謡）といって、ほとんど同じ口調と音で歌っています。それでは、子どもが寝る時に歌う歌、「アルルルール……」を一曲歌います。（演奏）

それから、「今、お母さんが山へ行ったよ。甘いもの《トゥペンペ》をとりに行きましたよ」「おじさん《アチャポ》は川《ペッ》へ魚をとりに行ったよ」「だから、メンコモコロ（子ども）、早くメンコ（ねんね）して待っててね」という歌を歌います。（演奏）

お父さんもお母さんも山や川で仕事をする時は、おばあちゃんが家の中で、ホチッポといって、天井から綱をぶら下げた赤ちゃんの寝ているゆりかごを、紐で引っ張って揺《ゆ》すりながら、「イテセカイカ」という糸づくりや「イテセオリ」という「ゴザ編み」などの家の仕事をしていました。

こういう歌を歌いながら、赤ちゃんを揺すって寝かせる。だから赤ちゃんも安心して、気持ちよく、ぐっすり眠る。赤ちゃんが起きるころ、お母さんは山からいっぱい甘いものを籠《かご》に背負って帰って来る。お父さんは川からたくさんの魚を背負って来る。そういう時代があって、本当に私たちは不自由なく生活をしていました。

食えなくなり、札幌で罐焚き

石井　しかし、日本人が開拓民で入ってくると同時に、木はどんどん切り尽くされ、川はどんどんコンクリート化され、田んぼの水がそこから引かれていきました。戦後になると、アメリカから入ってきた農薬のＤＤＴが川に流されました。そのために、私たちが子どものころは「チャッコすくい」といって、たくさん網ですくっていた魚も、のぼって来なくなりましたし、さらに川の下にコンクリートの段差が作られ、魚道もなく、魚は上って来られなくなりました。そのために、私たちは食糧不足を余儀なくされました。餓死寸前の十七歳の時に、私は札幌へ仕事を求めて出たわけです。

しかし札幌に来ても、アイヌであることを理由に、日本人はなかなか雇ってくれません。私は二、三日野宿をしながら、「何か仕事ありませんか。なんでもしますから」と企業に行きました。でも、「おまえはアイヌだからだめだ」と断られます。札幌に来てから三日後に、職業安定所があるということを知りました。職業安定所に行くと、「仕事がある」と言われました。昭和三十七年〜三十九年の当時、札幌もビルラッシュの時代でしたので、ビル建設の現場で防水作業をしました。

屋上の防水は、ドラム缶で溶かした千度ぐらいのアスファルトをビルの屋根まで運んで、それを撒くという作業でした。三年間、朝早くから罐焚きの仕事をしました。夜遅くなるときは、帰りは十二時にもなりました。

自衛隊での四年間

石井　そこで、私は思い切って、自衛隊に入ることにしました。自衛隊に行ったら、「戸籍を取ってこい」と言われたので、父親から戸籍を送ってもらいました。開けてみると、おじいちゃんは「クシヌレ」、おばあちゃんは「アワヌレ」という名前でした。明治生まれの両親は日本名に変えられ、「石井」と苗字が付き、父は石井トメタロウ、母は石井ヤスです。八人きょうだいでしたが、兄や姉は肺結核で亡くなりました。

昭和三十九(一九六四)年、東京オリンピックの年、六月に私は自衛隊員になりました。自衛隊は、土曜、日曜、祭日休みです。後輩の夜間の学生たちから、字の勉強や数字の勉強を教えてもらって、私は自衛隊に四年いました。自衛隊にいた時に、いろんな免許を取得しました。第一種自動車免許、大型免許、トレーラーの免許、ボイラー二級、アセチレンの免許。

その後、市役所の試験を受けました。試験会場だった札幌の中央区にあった中学校に行くと、五百人ほどの受験生がいました。面接や身体検査も受け、結果の入った分厚い封筒が届きました。部隊の部屋まで持って行けないので、途中で開けてみると、「あなたは合格しています」とありました。必要書類をそろえて、札幌市に提出するようにと。

私はその時、自衛隊の大隊長のドライバーでした。隊長だから、いつもネクタイをして、白い手袋を着け、ひげをそり、頭もきちっと剃《そ》っていました。隊長は、「おまえが自衛隊から抜けたら俺は困る」と言い、私は「いや、隊長、私は市役所に行った方が、家庭の面倒を見たりできるんです」と。「仕方がないな。じゃあ俺が推薦状を出してやる」と、隊長が推薦状を書いてくれました。

市役所、海外でのアピール、ピリカコタン

石井 市役所には三十五年くらい勤めました。所属したのは環境局や公園管理課でした。桂信雄前市長から「姉妹都市のポートランドの人たちを今度札幌へ呼んで交流するから、その前にポートランドに行って交流して来い」と言われて、市の費用でアメリカのポートランドへ行きました。ポートランドでは、一週間で舞台に三回上がったんです。ポートランドの新聞にも記事が大きく載りました。「日本のアイヌピープルが来ています」と。ポートランドでは、アイヌをアピールして帰ってきました。

そうしたら、自治労の後藤森重委員長が、「オーストラリアへ行くべ」と。自治労の費用で、オーストラリアへ行きました。船上パーティーでたくさんおいしいものを食べたり飲んだりして、オーストラリアのアボリジニとも交流をしました。

札幌の仕事をやっていると、今度は上田文雄市長になりました。上田市長は南区の小金

湯に「サッポロピリカコタン」という大きな施設を作りました。そして「そこの職員になれ」と送り出してくれました。ピリカコタンにはアイヌの職員がいなかったからです。そこで定年を迎えました。

アイヌの同化は終了した⁉

石井　二〇一九年五月二十四日、国がアイヌ新法（アイヌ民族支援）を施行しました。新聞の一面にも二面、三面にも「アイヌ新法成立」という記事が載っていました。しかし、私たちが求める権利を得られるものは、何一つありません。私たちが求めてきたのは、奪われた土地や文化や戸籍や狩猟採集権を返してほしいということでした。新聞には「文化振興法」とも書いてありました。文化をやれ、と。これは、白老に「ウポポイ（民族共生象徴空間）」を二〇二〇年にオープンするからなのです。「アイヌ踊れや」「アイヌ歌えや」と、そういう法律しかできていません。私たちの求めてきた先住権や自決権、そういう権利が何一つ記載されておりません。ですから私たちは、大通公園と札幌駅で「先住権を返せ、自決権を成立させろ」という旗を持って、市民にアピールしました。

白老にウポポイができても、私たちが雇用される機会は、そんなに多くないんです。今、北大の一〇〇四体、外国から届けられた一〇一〇体のアイヌの遺骨があります。それを白老に一括して埋葬し、その慰霊塔をつくる。そしてそこに世界の研究者、日本の研究者が集まって来るようです。先は見えています。ウポポイができると同時に、アイヌ施策は終わりだということに、私は気がついてきました。

おそらく国は「アイヌはみんな同化したんだ」と言うでしょう。しかし私たちは、まだ同化されていません。そう言うアイヌは、まだいます。国は、そういう私たちが死ぬのを待っています。私たちが死んだら「アイヌ施策は終わりです」と、打ち切りです。アイヌが団結して、自決権や先住権を勝ち取ることをしなかったら、私たちの生きる道は開けてこない、私はそう思っております。

沖縄もそうでしょう。県が反対しても、国は今、基地をつくるためにどんどん埋め立て工事をしています。北と南だけが犠牲になっている、そういう感じがしてなりません。

（二〇一九年六月　於・萱野茂二風谷アイヌ資料館）

エピローグ――北海道への思い募り、「アイヌ学」の拠点を

同胞に遺言を残したい

生まれてからずっと、夢中で生きてきましたが、八十三歳ぐらいから体が動かなくなりました。体がぼろぼろになり、神経が病んで、歩けなくなって、とても悩んでいた時期があります。布絵の制作のために針を持つ元気もなくなって、刺繡はとても続かないでいました。でも、ここまで一生懸命生きてきたんだから、体を休めて、人生をまっとうしよう

と思って、なんとかリハビリは続けていました。

少し歩けるようになったころ、「本を出版して、自分の同胞に遺言として残せるものを書きたい」という気持ちが出てきました。意思が、本に向くようになったんです。そんなときに、藤原書店とご縁をいただきました。「そうか。言い残したり、書き残したり、やり残したことばかり、私にはあるな」と思いました。もし繋《つな》いでいただけるのなら、それをやってみたいという希望が湧いたんです。

本のことをやっているとき、「刺繡はなさらないんですか？」と聞かれると、私はこう答えました。「カムイに、今は刺繡をする時じゃないと言われてるんですよ」と。でも、カムイは「今取り組んでいる本は、しっかりと仕上げなさいよ」と言っているように感じたんです。そのうちにだんだん体が回復してきまして、何年かお世話になって、とうとう『大地よ！』という本を出版することができました。

そうしましたら、「また展示会をなさいませんか」というお声がかかるようになってきました。そうすると、「刺繡と布絵の仕事を、もう少しやってみたい」と前向きになりました。それで「神さまお許しください」と申し上げて、また針を持てるようになりました。

カエルとセミの物語

ここに、未発表の物語で、これから文章をつけていきたい刺繍の作品があります。こんな内容です。

――ある日、森を散歩していたカエルちゃんは、木の根もとを通りかかって、土がこそこそと動くので、何だろうと思ってのぞきこむと、土の中からセミの幼虫が出て来ました。対話が始まります。

セミの幼虫「こんにちは。わたしは大きくなるまで、この木の根もとで、土の中で、食べものをいただいて育ちました。これから森の中でお友だちを見つけるの。」

セミは大きな木に登りはじめました。

セミは木の幹にしっかりつかまり、土の中で着ていたきものをぬぎはじめました。土の中で着ていたきものをぬぐと、中から白く美しい羽根をたずさえたセミになりました。

白い羽根はみるみる変色して、大人のセミのすがたになりました。

――これはほんの始まりのところですけど、カエルとセミがお互いにパートナーを見つけるというお話で、カエルとセミの会話を中心にした物語の刺繍作品を作ったんです。また新しい絵本にしたいと思っています。

アイヌの叙事詩では、物語の主人公が昆虫であったり、魚であったり、動物であったりします。そういうものを通して、虫といえども、お母さんから生まれて、時代を超えて、ちゃんと歴史を持ってこの世の中に来た役割があるんだよということを、人間の子どもたちにも教えてあげたい、と私は思ったんです。

アイヌの先祖は、人間を主人公にすると、差別したり、いじめ合ったり、うらやましがったりするので、動物を借りて、動物がなにか過ちを犯したら、自分で反省する。それを聞いた人が、「そうだな」と認める。そういうふうにしたいと思って、動物を主人公にしたんだろうと思います。そんなアイヌ文化を知って、「すごいことだ」と感動したので、そういう物語を作っているんです。

先日、ちょっとした感情のもつれで疎遠になっていた同胞とお会いしました。私の久しぶりの展示会に来てくれて。その気持ちを受け止めようとして、お話しすることができました。疎遠のまま、感情を許さないままでいるということは、カムイに対して大変な冒瀆だと思ったからです。お互いに目標に向かっていた時期を共にしていた同胞を、しっかりとお迎えしなきゃいけないと思いました。彼女の顔を見ると、それまでのいろんな確執が消えて、前向きにアイヌのことを話すことができました。本当にありがたいことだと思います。そういう瞬間の中に、今、おります。

カムイと人びとに支えられて

私は、八十九歳まで生かしてもらいました。それを支えてくださったのは、カムイだと思うんです。私は、両親が健在のうちに成長しました。六人きょうだいの中で、ちょっと別な生き方というか、なかなか普通には生きられず、ちょっとはずれたことを抱えながらも、親の言うとおり、一生懸命生きてまいりました。

社会に出てみて、自分で生きるということは、どんなに大変なことかということを、肝に銘じました。親のところにいた時は、何と言われても後ろに親がいましたから、孤独とか生きる不安とかはなかったんですが、ひとりぼっちで生きるようになったら、支えというものがないことを感じるわけです。孤独でも、なかなか手を貸してくれる人はいない、ということがわかってくるわけです。

そんな私が、何を頼りに生きてきたかというと、ひたすらカムイなんです。とっさに出る言葉は、「ああ、カムイ、助けて」と。母はわりと若いころに亡くなったので、「お母さん、助けて」と。手を伸ばしても触れることのできないものに向かって、私は、「助けて」と言ってきたんです。

考えてみたら、いろいろとたくさん試みて、たくさん失敗をしていますが、なぜか出会った多くの人たちが道しるべになってくださり、支えてきてもらいました。六十歳を過ぎて、札幌に刺繍を習いに行った時に、布絵に出合って感動して、布絵で先祖の叙事詩を表現できないかと思いたちました。その後、表現することを許され、試みることができました。

それまでは、何をやっても中途半端で、失敗ばかりでした。だれもが一人一人違うし、私の生き方を助けるほどの余裕はありません。そういう中で生きてまいりました。それでも、私の古布絵作品を認めてくださる方々に出会うんです。これは、すごいことなんです。

試みては戻り、試みては戻りして、手探りで生きてきた私を、古布絵がしっかりと支えてくれました。古布絵を評価して、叙事詩やアイヌの伝統文化を認めてくださる方々によって支えられてきた、ということです。

北海道に「アイヌ学」の拠点を

私は今、八十九歳で、あらゆる面で、十二分に生きてきたと思うんです。この上さらに生きるエネルギーというのは、大変なことだと思います。体の状態がだんだん崩れてくる。これが老化で、歳ということかと認めながら、老後を生きようと思っています。

私は、『大地よ!』という遺言書を完成させていただいて、思いを遂げたので、これで納得して終えていけるのかなと思いながらも、何かまだ、このまま人生が終わってしまうのも、という思いの中にいました。

そういう最中《さなか》、藤原書店の社長さんが、「〝アイヌ学〟がまだ確立されていないんじゃないか」とおっしゃるようになりました。「アイヌ学」「アイヌ力」とさかんに言ってくださるんです。私は、今までたくさんの人に出会って来ましたけれど、アイヌの本質的なところを突いて、それを言葉にして、エネルギーとしておられる社長さんに感動したんです。

この言葉を聞いて、「私はもう老後ですから」と言えなくなりました。この言葉の力を借りて、さらにカムイや先祖に、また同胞に御恩返しすることができるかもしれない、と思うようになりました。

そうすると、だんだん「アイヌ学」「アイヌ力」という言葉が生きてまいりました。「アイヌ学をやりましょう。アイヌ学をやるのには、アイヌ自身に自分自身を語ってもらわなければいけないでしょう。自分がアイヌであることを認識して、何をどうするのか、自分で考えて見つけましょう。それでないと、本当の民族の力は出てこないんじゃないですか」と、それはすごいアドバイスももらいました。

そう、そのとおりだと思ったんです。それで社長さんの力を借りて、同胞のつながりを模索するようになってきたのが、今日の活動なんです。

まず、北海道に何度かお連れいただいて、同胞と出会うようになりました。そうしているうちに、「アイヌ学をやるのために、どこを拠点にしたらいいか」と議論するようになり、

「やっぱり北海道しかない。みなさんが集まれるところで、そこに土地を見つけて、聖地にしませんか」とお計らいの言葉をいただいて、今、動いている最中なんです。

また今度、北海道に行って、聖地になるような場所を探してまいります。

天のカムイ、地のカムイ、エネルギーのカムイ、風のカムイ、水のカムイ。

私たちは、カムイを主人公として生きてまいりましたから、大地のカムイのところに聖地ができるということは、本当にご恩返しできる一端だと思っています。

宇宙に生かされていることを、伝えていきたい

何度も、生命にかかわるような倒れ方をしましたが、何とか持ち直して、語っている自分が、今、ここにいます。じゃあ、これからどう生きるのかといいますと、足も動かなくなるし、体も動かなくなっています。

けれども、アイヌは語りによって、教育というものを継承してきた民族です。ですから、自分の学んできた限りのものを、語っていけたらいいなと思っています。それが先祖に対

する御恩返しとなり、育ててくれたこの宇宙のカムイに対する御恩返しだと思います。

「水を汚してはいけないよ」「空気のお世話になっているんだよ」「エネルギーによって生かされているよ」「太陽が大地を温めてくれて、そのぬくもりで植物が繁茂し、生きものは生きることができて、私たちが生きてきたんだよ」「そういうことを、大地が教えてくれたんだよ」――ということを、これから生まれ、育っていく子どもたちに大切にお話しして、物語をつないでいくこと。

それが、私に残された役割だとすれば、とてもとても尊いことだと思っています。

私たちは、地球の破壊を許している

今、「アイヌ学」を立ち上げました。これを必ず実現させたい。一人一人のアイヌが、自分が人間として生きてきた意味を自分で確かめる、そこから民族の問題をみなさんに理解していただく。それが、生きる礎になるんだということを、やっていきたいんです。

今、「地球はこのままでは崩壊するんじゃないか」と言われています。それは、あまりにも人間がやりたい放題に、地球を痛めつけた結果です。一番おそろしいのは、熱がこもって、温暖化になって、空気が汚くなったり、爆発が起きたりして、人間が起こした災いが、ほかの生きものたちに悪影響を及ぼすことです。

人間が罪を犯したことで、地球がだめになったらどうするんですか。それを自覚する人々が出てこなければいけません。人間がつくった地球ではないのに、それを人間が崩壊させてしまっていいんですか。人間は、毒を消すことも知らないで原爆をつくってみたり、再生できないのに山を崩して、穴を開けてみたり、海底を掘り起こしたり。本当に、荒らしまくっているのです。

仮に、これがすべての人間の意思ではないとしても、ある権力者がやっていることであっても、同時代に生きている私たちは、それを許しているのです。このことを忘れてはいけません。

こういう厳しいことも、あえて言わせていただかなければいけません。これは、おばあさんになった私の役割だと思っています。

大地よ——東日本大震災によせて

宇梶静江

大地よ
重たかったか
痛かったか

あなたについて
もっと深く気づいて
敬って

その重さや

痛みを
知る術を
持つべきであった

多くの民が
あなたの
重さや痛みとともに 波に消えて
そして
大地にかえっていった

その痛みに
今　私たち

残された多くの民が
しっかりと気づき
畏敬の念をもって
手をあわす

（二〇一一年三月十八日）

あとがき

今、故郷に、帰ってきました。

私は、ひとえに、アイヌの同胞《ウタリ》に語りたい。

アイヌの同胞《ウタリ》がいとおしい。

藤原書店さんの協力で本をつくってもらったり映画をつくってもらったり、それがアイヌの同胞《ウタリ》が広めてくれている、伝わるものが伝わってきたなと、本当に感動です。

古布絵の作品をつくったとき、アイヌの人にはあんなボロ布と言って怒られましたが、和人がいいと言ってくれて、買ってくれました。和人の方々の協力もあって、いろんなことが変わってきたと思います。

そう言いながらも、私はアイヌの同胞《ウタリ》がいとおしいんです。

大地にひれ伏して、サケをとって、鹿をとって、カムイノミして、貧しくても感謝を忘れなかった、そういうアイヌ同胞《ウタリ》がいとおしいんです。

私はもうすぐ九十歳です。明日にでも天に召されるかもわからない。そんな私に、こんなに話させてもらって、どんなにありがたいことかと思います。

みなさんに感謝します。

差別があります。戦争もあります。うまくいかないこと、つらいことがいっぱいあります。でも、アイヌの同胞《ウタリ》、和人のみなさん、みんなで力を出して、傷つくことのない、差別されることのない、戦争のない平和な社会を、話し合ってつくっていければ、どんなにありがたいことかと思っています。

私はひたすらアイヌが好きです。朽ちていった同胞《ウタリ》の先祖たちを供養して、土を大事にして、水を大事にして、木を大事にして生きていくからね、と伝えたい。

二〇二一年十月　北海道白老にて

宇梶静江

宇梶静江 UKAJI Shizue

一九三三年三月三日、北海道生まれ。詩人、古布絵作家、アイヌ文化伝承者。幼少期を北海道浦河郡の和人混在のアイヌ集落で過ごす。一九五六年札幌の私立北斗学園中等科を卒業。直後に上京、一九五九年に結婚。二児の母に。

一九六六年から『詩人会議』同人となり詩を書く。一九七二年二月八日、『朝日新聞』に「ウタリたちよ、手をつなごう」投稿が掲載。翌年「東京ウタリ会」を設立。一九九六年、アイヌ伝統刺繍の技法を基に、ユカラに語られてきた叙事詩を表現するオリジナルな〝古布絵（こふえ）〟を確立。二〇一一年、古布絵作家としての活動が評価され、吉川英治文化賞。二〇二〇年、後藤新平賞。

著書に『大地よ！――アイヌの母神、宇梶静江自伝』（藤原書店、二〇二〇年）、『シマフクロウとサケ』（福音館書店、二〇〇六年。藤原書店、二〇二〇年）、『セミ神さまのお告げ』（福音館書店、二〇〇八年）、『すべてを明日の糧として――今こそ、アイヌの知恵と勇気を』（清流出版、二〇一一年）、詩集『ヤイコイタク　ひとりごと』（宇梶静江詩集刊行会、二〇一一年）など。

アイヌ力《ちから》よ！——次世代《じせだい》へのメッセージ

2022年11月30日　初版第１刷発行©

著　者　宇梶静江
発行者　藤原良雄
発行所　株式会社　藤原書店

〒162-0041　東京都新宿区早稲田鶴巻町523
電　話　03（5272）0301
FAX　03（5272）0450
振　替　00160 - 4 - 17013
info@fujiwara-shoten.co.jp

印刷・製本　中央精版印刷

落丁本・乱丁本はお取替えいたします
定価はカバーに表示してあります
Printed in Japan
ISBN978-4-86578-368-1

鉛筆画の世界を切り拓いた画家、初の自伝

いのちを刻む

（鉛筆画の鬼才、木下晋自伝）

木下 晋　城島徹編著

人間存在の意味とは何か、私はなぜ生きるか。芸術とは何か。ハンセン病元患者、瞽女、パーキンソン病を患う我が妻……極限を超えた存在は、最も美しく、最も魂を打つ。彼らを描くモノクロームの鉛筆画の徹底したリアリズムから溢れ出す、人間への愛。極貧と放浪の少年時代から現在までを語り尽くす。

口絵一六頁

Ａ５上製　三〇四頁　**二七〇〇円**
（二〇一九年一二月刊）
◇978-4-86578-253-0

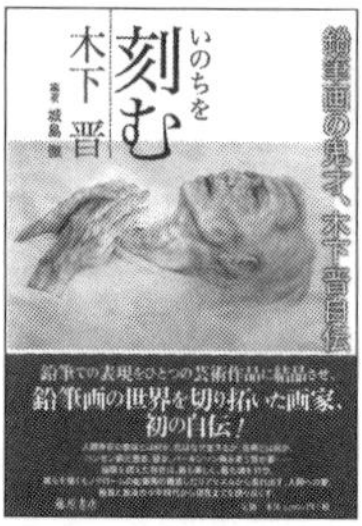

アイヌの精神を追い求めた女の一生

大地よ！

（アイヌの母神、宇梶静江自伝）

宇梶静江

六十三歳にして、アイヌの伝統的刺繍法から、〝古布絵《こふえ》〟による表現手法を見出し、遅咲きながら大輪の花を咲かせた著者が、苦節多き生涯を振り返り、追い求め続けてきた〝大地に生きる人間《アイヌ》の精神性〟を問うた、本格的自伝。

「宇梶静江の古布絵の世界」カラー口絵八頁

四六上製　四四八頁　**二七〇〇円**
（二〇二〇年二月刊）
◇978-4-86578-261-5

アイヌ神謡の名作絵本、待望の復刊！

シマフクロウとサケ

（アイヌのカムイユカㇻ（神謡）より）

宇梶静江　古布絵制作・再話

守り神のシマフクロウは、炎のように輝く大きな金色の目で、思いあがる者を見つめ、海を干上がらせ、もといた山へ帰ってゆく――一針一針に思いをこめた古布絵（こふえ）とユカㇻが織りなすアイヌの精神世界。

オールカラー

＊映像作品（ＤＶＤ）につきましては、三二一頁をご覧ください。

Ａ４変上製　三二頁　**一八〇〇円**
（二〇二〇年一二月刊）
◇978-4-86578-292-9

かつて〝アイヌの新聞〟を自ら作ったアイヌ青年がいた

「アイヌ新聞」記者 高橋真

（反骨孤高の新聞人）

合田一道

警察官を志しながら、アイヌゆえにその道を閉ざされて新聞記者に転じ、戦後一九四六年、ついに自ら『アイヌ新聞』を創刊。アイヌ問題研究所を主宰し、わが民族の歴史と課題を痛切に訴える数々の評論を発表し続けた反骨のジャーナリスト、初の評伝！

四六上製　三〇四頁　**二七〇〇円**
（二〇二一年三月刊）
◇978-4-86578-306-3

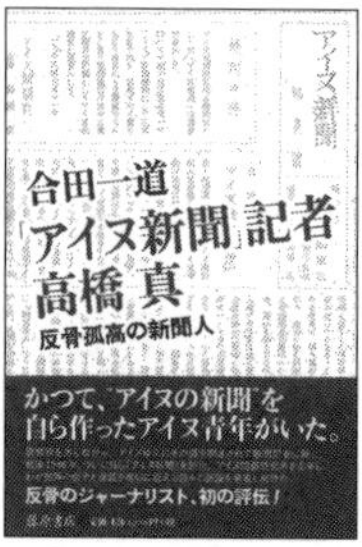

語り、音楽、映像の融合世界

石牟礼道子と出逢う　DVD

二〇一七年一〇月に行われた、石牟礼道子の世界を語りと音楽と映像との融合で描き出す舞台「石牟礼道子と出逢う」の記録。

第一部　〔講演〕**田中優子**

第二部　語りと音楽と映像の融合世界

〔語り〕**町田康**〔テキスト〕**石牟礼道子**

〔ピアノ、サランギー他〕**金大偉**〔尺八・能管〕**原郷界山**〔原作〕**石牟礼道子**〔音楽、映像、演出〕**金大偉**

一三二分　**二八〇〇円**

（二〇一八年七月刊）

◇978-4-86578-183-0

アイヌの精神と魂の原点を追求する映像詩

シマフクロウとサケ　（アイヌのカムイユカㇻ（神謡）より）　DVD

金大偉　監督・音楽・構成

古布絵（こふえ）とユカㇻが織りなす、アイヌの精神世界。

第一部　シマフクロウとサケ　（16分）

第二部　アイヌを生きて

——宇梶静江インタビュー　（19分）

〔古布絵制作・インタビュー〕**宇梶静江**

〔アイヌ語朗読〕**鹿田川見**

〔アイヌ音楽提供〕**宇佐照代**

〔企画・製作〕**藤原書店**

三五分　**二〇〇〇円**

（二〇二一年一月刊）

◇978-4-86578-294-3

ミシュレの歴史観の全貌

世界史入門
（ヴィーコから「アナール」へ）

J・ミシュレ
大野一道編訳

「異端」の思想家ヴィーコを発見し、初めて世に知らしめた、「アナール」の母J・ミシュレ。本書は初期の『世界史入門』から『フランス史』『一九世紀史』までの著作群より、ミシュレの歴史認識を伝える名作を本邦初訳で編集。**L・フェーヴル**のミシュレ論も初訳出、併録。

四六上製　二六四頁　**二七一八円**
（一九九三年五月刊）
品切◇978-4-938661-72-4

陸中心の歴史観を覆す

海

J・ミシュレ
加賀野井秀一訳

ブローデルをはじめアナール派やフーコー、バルトらに多大な影響を与えてきた大歴史家ミシュレが、万物の創造者たる海の視点から、海と生物（および人間）との関係を壮大なスケールで描く。陸中心史観を根底から覆す大博物誌、本邦初訳。

A5上製　三六〇頁　**四七〇〇円**
（一九九四年一一月刊）
◇978-4-89434-001-5

LA MER　Jules MICHELET

「自然の歴史」の集大成

山

J・ミシュレ
大野一道訳

高くそびえていたものを全て平らにし、平原が主人となった十九、二十世紀。この衰弱の二世紀を大歴史家が再生させる自然の歴史（ナチュラル・ヒストリー）。山を愛する全ての人のための「山岳文学」の古典的名著、ミシュレ博物誌シリーズの掉尾、本邦初訳。

A5上製　二七二頁　**三八〇〇円**
（一九九七年二月刊）
在庫僅少◇978-4-89434-060-2

LA MONTAGNE　Jules MICHELET

全人類の心性史の壮大な試み

人類の聖書
（多神教的世界観の探求）

J・ミシュレ
大野一道訳

大歴史家が呈示する、闘争的一神教をこえる視点。古代インドからペルシア、エジプト、ギリシア、ローマにおける民衆の心性・神話を壮大なスケールで総合。キリスト教の『聖書』を越えて「人類の聖書」へ。本邦初訳。

A5上製　四三二頁　**四八〇〇円**
（二〇〇一年一一月刊）
◇978-4-89434-260-6

LA BIBLE DE L'HUMANITÉ　Jules MICHELET

「すべての学問は一つである。」

全体史の誕生
〈若き日の日記と書簡〉

J・ミシュレ
大野一道編訳

ミュレは、いかにしてミシュレとなりえたか？　アナール歴史学の父、ミシュレは、古典と友情の海から誕生した。万巻の書を読み精神の礎を築き、親友と真情を語り合い人間の核心を見つめたミシュレの青春時代の日記や書簡から、その稀有な精神の源に迫る。

四六変上製　三二〇頁　三〇〇〇円
（二〇一四年九月刊）
◇978-4-89434-987-2

ÉCRITS DE JEUNESSE　Jules MICHELET

68年「五月」のバイブル

〈新版〉学生よ
〈一八四八年革命前夜の講義録〉

J・ミシュレ
大野一道訳

二月革命のパリ――ともに変革を熱望したふたりの人物、マルクスとミシュレ。ひとりは『共産党宣言』を、もうひとりは本書を著した。幻の名著、本邦初訳！　「一つの意志、もしそれが強固で長続きすれば、それが創造です。」（ミシュレ）

四六上製　三〇四頁　二五〇〇円
（一九九五年五月／二〇一四年一〇月刊）
◇978-4-89434-992-6

L'ÉTUDIANT　Jules MICHELET

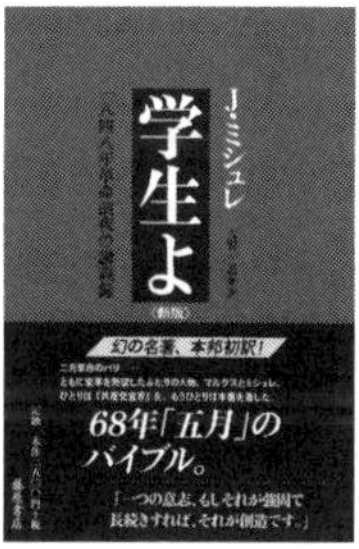

一五〇年前に、既に地球史家がいた

J・ミシュレ 民衆と情熱Ⅰ・Ⅱ
〈大歴史家が遺した日記 1830–74〉

Ⅰ　1830〜1848年
Ⅱ　1849〜1874年

大野一道編
大野一道・翠川博之訳

地球史家の全貌を明かす日記、本邦初訳。「告白文学において最も驚嘆すべきものの一つ」（『ル・モンド』）。

四六変上製
Ⅰ六〇八頁（口絵八頁）　六二〇〇円
Ⅱ九二〇頁（口絵四頁）　八八〇〇円
（Ⅰ二〇二〇年六月／Ⅱ二一月刊）
Ⅰ◇978-4-86578-276-9
Ⅱ◇978-4-86578-286-8

JOURNAL　Jules MICHELET

思想家としての歴史家

ミシュレ伝 1798-1874
〈自然と歴史への愛〉

大野一道

『魔女』『民衆』『女』『海』……数々の名著を遺し、ロラン・バルトやブローデルら後世の第一級の知識人に多大な影響を与えつづけるミシュレの生涯を、膨大な未邦訳の『日記』を軸に鮮烈に描き出した本邦初の評伝。思想家としての歴史家の生涯を浮き彫りにする。

四六上製　五二〇頁　五八〇〇円
（一九九八年一〇月刊）
◇978-4-89434-110-7

類稀な反骨の大学人

敗戦直後の祝祭日

〈回想の松尾隆〉

蜷川 譲

戦時下には、脱走した学徒兵を支え、日本のレジスタンスたちに慕われ、戦後は大山郁夫らと反戦平和を守るために闘った、類稀な反骨のワセダ人・松尾隆。その一貫して言論の自由と大学の自治を守るために闘い抜いた生涯を初めて公開する意欲作。

四六上製　二八〇頁　**二八〇〇円**
（一九九八年五月刊）
在庫僅少◇ 978-4-89434-103-6

日本人になりたかった男

ピーチ・ブロッサムへ

〈英国貴族軍人が変体仮名で綴る千の恋文〉

葉月奈津・若林尚司

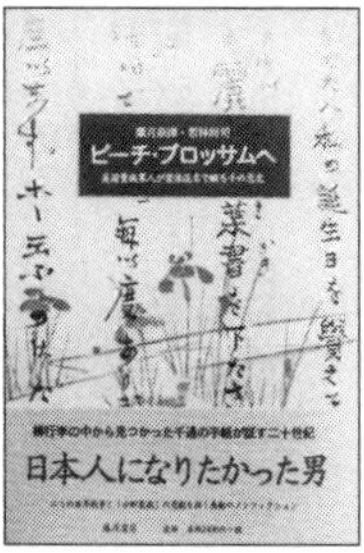

一九〇二年、日本を訪れた英国貴族軍人アーサーは、下町育ちの大和撫子まさと恋に落ちる。しかし、世界大戦は二人を引き裂き、「家族の夢」は絶たれる――。柳行李の中から発見された、アーサーが日本に残る妻にあてた千通の手紙から、二つの世界大戦と「分断家族」の悲劇を描くノンフィクション。

四六上製　二七二頁　**二四〇〇円**
（一九九八年七月刊）
◇ 978-4-89434-106-7

百通の恋文の謎とは？

サムライに恋した英国娘

〈男爵いも、川田龍吉への恋文〉

伊丹政太郎＋A・コビング

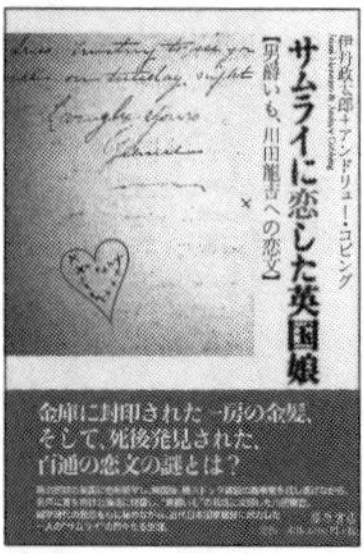

明治初頭の英国に造船留学し、帰国後、横浜ドック建設の難事業を成し遂げながら、名声に背を向け北海道に隠棲し、"男爵いも"の栽培に没頭した川田龍吉。留学時代の悲恋を心に秘めながら、近代日本国家建設に尽力した一人の"サムライ"の烈々たる生涯。

四六上製　二九六頁　**二八〇〇円**　**口絵四頁**
（二〇〇五年九月刊）
◇ 978-4-89434-466-2